# 山田香織の
# 盆栽づくり
# とっておきの〝いろは〟

盆栽家
山田香織 著

大泉書店

# はじめに

私は盆栽園に生まれ育ち、
よいことがあったときも悪いことがあったときも、
いつも盆栽に囲まれてきました。
励まされたり、厳しい目で見られたり、
笑い飛ばしてくれたり。
私が生まれた昭和53年からずっと、
私を見ている木もあります。

盆栽の楽しさは、育てる人と盆栽の間で愛着が生まれ、
愛情形成され、
一緒に年を重ねていく相棒のような存在になること。
もちろん、小さな鉢に植えた植物の姿を通して、
背景にある風景を見立てる緑の美術品ではありますが、
命ある相手であることが温かい。

この本を手にとっていただき、
盆栽のハウツーをお伝えしながら、
ご自宅にいながらにして、
四季の移ろいや心の風景を楽しんでいただきたい。
一人でも多くの方に盆栽の楽しさを
お伝えできればと願っています。

新しい相棒との暮らしを
楽しんでいただければ何よりと、願っております。

# 目次



## 第1章

# 第2章

# 第3章 盆栽の日常管理と手入れ……81

# 第4章

本書に掲載されている情報はすべて2013年2月末現在のものです。

第1章

# 盆栽の基礎知識

# 盆栽と鉢植えはどこが違う？

**鉢に植えてある植物というのは同じでも盆栽と鉢植えは違います。その違いをわかりやすく説明しましょう。**

盆栽の基礎知識 1

## 盆栽は自然の風景を見立てる遊び

盆栽と鉢植えの違いが何なのかわからないという質問をよく受けます。

簡単にいうと、鉢植えが植物そのものを鑑賞するものなのに対し、盆栽は植物の姿を借りて、その背景にある自然を見るものです。

1本の木があったときに、盆栽は、その木で大きな自然を表現します。大きな自然を小さい鉢に映し出すもの、それが盆栽なのです。

盆栽では自分が見た風景を鉢の中に描くこともできます。「あの景色をもう一度見たい」というときに、そばにその景色を切り取った盆栽があれば、訪ねずしてそこに行くことができるのです。

また、盆栽は通常の鉢植えに比べて長く育てるので、自然の大きさや時間の流れも感じさせてくれます。その大きさゆえに心が休まり、癒される、そこも大きな魅力です。

コケや景石（石）、化粧砂で野の小道を表現。

## 1年を通して盆栽と暮らす

盆栽は1年を通していろいろな姿を私たちに見せてくれます。新緑の生命力に元気をもらい、紅葉の美しさに自然の神秘を感じる、四季折々の姿はまさに小さな自然です。

盆栽を毎日手入れしていると、そうした日々の変化に敏感になり、そのうちに、どんどん愛着が湧き、身近な存在になります。それこそが、盆栽と暮らす楽しみなのです。

Point

### 盆栽と鉢植えの違い

#### 育て方の違い

盆栽は大きな風景を小さい鉢で表すゆえ、鉢は自ずと小さくなります。鉢植えでは、生長に合わせてより大きな鉢に植え替えますが、盆栽では、数年に1回、今までの鉢と同じ大きさまたは小さい鉢に植え替えます。そこが大きな違いです。

#### 鑑賞方法の違い

サクラの鉢植えがあったとします。鉢植えでは花の美しさそのものを愛でますが、盆栽では、サクラのある風景を感じます。ひと鉢に1輪のサクラであっても思い出のサクラを見立て、そこに自分がいる、それが盆栽における鑑賞方法なのです。

## 正面を探します

盆栽は正面から見ることが大切です（正面の見つけ方は14ページ参照）。やや前傾姿勢となる盆栽の正面を探し、目線を木の高さの中間に下げて鑑賞します。

## 仰ぎ見ます

盆栽の大きさや広がりを感じたいなら仰ぎ見てみましょう。盆栽を下から見上げてみると、自分が小さな人となり、木の世界に入り込むことができます。

## 寄せ植えの見どころ

### 枝ぶりを見る

盆栽を正面から見て、枝ぶりをながめ、大木感を感じましょう。

### 葉を見る

真っ赤な葉の部分など、形を愛でたり、季節を感じます。

### コケを見る

苔むした景色を見立てると、静かな時間の流れを感じます。

### 細かな景色を見る

下草や化粧砂のデザインから、鉢の中の景色を感じてみましょう。

盆栽の基礎知識 2

# 盆栽はどんな種類に分けられる？

**盆栽にはどんな種類があるのでしょうか。その分類方法についておおまかに説明しましょう。**

## 大きく分けて草ものと枝ものがある

一般的に盆栽といえば、やはりマツのイメージが強いかと思います。マツの枝ぶりや古さを愛でる、そんな印象でしょうか。

もちろん、マツ（松柏《しょうはく》といいます）は盆栽の代表的なジャンルですが、盆栽はそれだけではありません。

盆栽は大きく分けて草ものと枝ものに分けられます。枝ものはそのなかで、葉もの、花もの、実もの、松柏に分類されます。草ものは山野草の中から多年草を選び、植えつけます。

この分け方は盆栽の楽しみ方を元にしています。葉ものは新緑や紅葉など葉の美しさを、花ものや実ものは文字どおり花や実を愛で、松柏は常緑ゆえの生命力を味わいます。とはいえ、同じ枝もので花も新葉も紅緑も実も楽しめるものもよくあります。

草ものと枝ものを組み合わせて自然を表現した盆栽。

## 枝ものと草もので風景を切り取る

私がふだんつくっている盆栽は、枝ものだけ、草ものだけの場合もありますが、枝ものと草ものを組み合わせることもよくあります。樹齢2〜3年の若い枝ものと野草を寄せ植えして、鉢の中で日本の自然が楽しめるような盆栽をつくりたいと考えています。

*Point*

### 盆栽の植え込み用土の使い方で分けると…

**草もの**

草ものの場合、土は赤玉土と鹿沼土を2対1にブレンドしたものを主体に使います。

**枝もの**

枝ものの場合、赤玉土を主体に使います。

**草もの ＋ 枝もの**

草ものと枝ものを組み合わせて植えつけるときは、鹿沼土と赤玉土をブレンドしたものを主体に使います。

※草もの、枝もの、草もの＋枝ものはすべて植物の種類によっては土の配合を変えます。

## 盆栽の種類別楽しみ方

### 草もの

### 野原を切り取ったような風景を鑑賞する

多年草類を盆栽に仕立てたものです。山野草の中から多年草を選びます。野の景色を鉢の中にすくい取ったような味わいがあります。

### 葉もの

### 新緑から紅葉まで葉を楽しむ

ケヤキ（126ページ）やモミジ（127ページ）、ヒメシャラなどの落葉樹が中心です。早春の芽吹き、春から初夏の新緑、秋の紅葉、冬の枝ぶりなど、四季折々の楽しみがあります。丈夫で育てやすい品種も多く、初心者におすすめです。

### 花もの

### 美しく鮮やかに咲く花を愛でる

サクラ（122ページ）、ウメ（126ページ）、ボケ（123ページ）、サツキ（124ページ）など花を鑑賞するものを指します。花ものは華やかさが一番の魅力です。毎日水をやり、育てている盆栽に咲く花は、喜びと勇気を与えてくれます。

### 実もの

### 実り多き収穫の秋を十二分に満喫

カキ（129ページ）、ヒメリンゴ（128ページ）、クチナシ（128ページ）、キンズ（129ページ）など、実を鑑賞するものを指します。実の美しさはもちろんですが、子孫を残すために花が咲き、実をつける、そうした植物の生命力も魅力です。

### 風景を鉢に移す、新しい盆栽も

もともと盆栽は風景を見立てる遊びでした。それを大切にしたいと考え、枝ものと草ものを合わせた盆栽を提唱しています。

クリスマスの森を表現した盆栽。

### 松《しょう》柏《はく》

### 盆栽の定番 枝ぶりも見どころ

クロマツ、アカマツ、ゴヨウマツ（以上130ページ）などのマツ類のほか、シンパク、スギ、ヒノキ（以上131ページ）などの常緑の針葉樹類の盆栽を松柏といいます。1年中緑が楽しめ、丈夫で長寿のものが多く、生命力の象徴でもあります。

# 盆栽に使う植物の選び方は？

盆栽の基礎知識 3

**盆栽は小さい鉢という限られた環境で育てるため基本的には日本の自生種または野生種など、気候に合った丈夫な植物を選びます。**

## 丈夫な植物を選ぶのが一番

初心者の場合、盆栽では丈夫な植物を選ぶのが一番です。具体的には、日本の環境に順応する、自生種または野生種です。というのも、盆栽は鉢が小さく、思う存分根を張ることができません。つまり、ストレスがかかる環境で育てることになるため、なるべく強い植物にしたほうが、枯らさずに長く育てられるのです。

枝ものであれば街路樹になるようなもの、草ものなら山草よりも野草を選びましょう。

苗は、園芸店やホームセンター、インターネットショップなどで購入することができます。季節でいろいろな苗が出回るので、好みのものを選びましょう。

苗はぐらぐらせず、見た目が元気そうなものが一番です。葉や枝に張りがあり、色ツヤのよいものを選ぶようにすると、病気にもなりにくく、丈夫に育ちます。

苗は葉を見て、緑色が濃く葉が多いものを選びます。

## 形になっている木からはじめる方法も

盆栽は、自分好みの形にしていくことも楽しみのひとつなので、枝ぶりや幹の形も重要です。種類はもちろんですが、形もなるべく、好きなものを選ぶようにしましょう。

ちなみに、盆栽を思いどおりの形にするには時間がかかり、テクニックも必要です。ある程度形になっている成熟した木からスタートするのもひとつの方法です。

Point

### 初心者向け盆栽の苗の選び方

**自生または野生種**

自生または野生種＝日本の環境で育ちます。夏の暑さ、梅雨時の雨の多さ、冬の寒さなどに耐えられることは重要です。

**街路樹になる木は強い**

街路樹は思う存分根が張れないことも多く、幹線道路沿いにあるなど、過酷な環境です。それでも枝葉を伸ばす強さは心強いものです。

**山草は選ばないほうが無難**

日本の自生種でも、高山に自生する山草はやめましょう。冷涼な環境を好みますので、管理に工夫が必要です。最初は平地で育つ野草からはじめてみましょう。

## 苗の選び方

### 草もの

株元あたりの葉がまばらで茶色くなっているような苗は手入れが行き届いていません。反対に株元に小さい葉がいっぱいついているものは、葉が増えている証拠なのでおすすめです。

### 枝もの

枝数がなるべく多いものを選びます。元気がないと葉色が薄くなるので、同じ種類のものが複数あるときはその中で一番緑の濃いものにします。枝が枯れている苗は丈夫とはいえません。

### 挿し木や種子まきでも苗をつくることができる

盆栽で使う苗は自分でつくることも可能です。松柏類や雑木類は種が市販されているので、慣れてきたらぜひ種から育ててみましょう。

また、剪定した枝や茎を挿し芽や挿し木で殖やすのもおすすめです。丈夫な品種であれば、割と簡単に根づきます。種子まき、挿し芽、挿し木ともに、水切れしないよう注意します。1～2年育ててから、盆栽の素材として使用しましょう。

## こんな苗はダメ

### 枯れている

葉が茶色いものは枯れてきている可能性も。同じく枝が枯れているものや虫食いの跡があるものも避けましょう。

### ぐらぐらしている

根元がぐらぐらした苗は根が張れず元気がないことが多いので、芯がしっかりした、元気な印象のものにしましょう。

# 枝ものをうまく使う方法は？

盆栽の基礎知識 4

**盆栽は園芸の鉢植えとは違い、かならず木の正面を見つけて鑑賞します。ここでは正面の見つけ方を説明します。**

左右の枝ぶりが見え、木全体がやや前傾姿勢となっているところが、表であり正面になります。

## 枝ものにはかならず表と裏がある

枝ものの場合、一番魅力的な角度、つまり表（正面）から鑑賞するというルールがあります。これは盆栽の長い歴史の中で培われてきたもので、枝ものにはかならず、表と裏があり、盆栽では表を正面にして鑑賞します。

木の表を見極めるポイントはまず、前傾姿勢になっているかどうかです。後ろに向かって生えていると木が立体的に見えないので、木がおじぎしているように見える方向が表になります。

もうひとつは枝が左右に張っていることです。枝が重なっていると、形状がよく見えないので、左右の枝ぶりがよく見える向きが表です。

## 美しく見える向きが正解

①幹が前傾姿勢になっている、②左右の枝ぶりが見える、③前後に枝が重なっていないという3原則はありますが、枝ものの表と裏の見極め方は、最終的には、どの方向が一番美しく見えるかです。

迷ったら、360度回してみて、どの向きが一番魅力的かを考えます。また、正面がわからなくならないよう、爪楊枝などで印をつけるとよいでしょう。

*Point*

## 枝ものが美しく見えるポイント

### ポイント1 前傾姿勢

幹が後ろに反っている方向は表ではありません。おじぎしているように見える向きが表です。幹の傾きが重要なのです。

### ポイント2 左右の枝ぶりが見える

盆栽全体の表情を決めるのは枝ぶりです。鑑賞ポイントのひとつである左右の枝ぶりがよく見える向きを正面にしましょう。

### ポイント3 重ならない

正面から見て前後に枝が重なっていると枝ぶりがわかりませんし、幹の流れも隠してしまいます。盆栽では幹がどのように伸び、流れているかも鑑賞ポイントです。

## 木の正面の見つけ方

**なぜここが正面なのか？**

正面から見ると、枝は重なっていないし、左右の枝ぶりも見えるし、後ろに反っていません。この3つ、すべてが当てはまる方向はひとつです。

**正面**

◯ 枝が前後に重ならない
◯ 前傾姿勢
◯ 左右の枝ぶりが見える

**右**

✕ 枝が前後に重ならない
◯ 前傾姿勢
✕ 左右の枝ぶりが見える

**左**

✕ 枝が前後に重ならない
◯ 前傾姿勢
✕ 左右の枝ぶりが見える

**裏側**

◯ 枝が前後に重ならない
✕ 前傾姿勢
✕ 左右の枝ぶりが見える

## 正面を見つける手順

### ❶ 360度回転させて よい向きを見つける

360度回転させて、どの向きからみたら一番よく見えるかを確認していきます。「ここが表かな」という場所が決まったら、目印をつけておきましょう。

### ❷ 枝ぶりを確認する

正面が決まったら、枝ぶりを確認します。主要な枝が、左右にバランスよくあるのが理想です。

枝ぶりはいろいろな方向から見ます。

盆栽の基礎知識 5

# 基本樹形とはどんなもの？

**盆栽の長い歴史の中で、この形が美しいと定められたものが基本樹形です。基本樹形を知ることで見応えのある盆栽をつくることができます。**

## 先人の知恵が基本樹形

盆栽には小さい鉢に植えた木で大木感を味わうという醍醐味があります。そのために重要なのが木の形であり、長い歴史の中で、培われてきたものが基本樹形です。基本樹形を知らないと盆栽がわからないというものではありませんが、知ることで盆栽はより楽しくなります。

たとえば、基本樹形を応用することで初心者でも遠回りや失敗をせずに、見応えのある盆栽をつくることが可能になります。

ほかにも基本樹形がわかることで以下のような利点があります。

・さまざまな樹形の盆栽をそろえることで、鑑賞やコレクションの幅が広がる

・こんな樹形にしたいという理想図がわかることで、剪定や針金成形の目標がわかり、そういった作業がより楽しくなる

さまざまな基本樹形を見ることで、盆栽への理解が深まります。

## 基本樹形は自然の風景がお手本

では基本樹形はどうやって決まってきたものなのでしょうか。基本樹形の原型は、自然の風景の中にあります。断崖絶壁に生きるマツ、日の光を求め枝を伸ばす木、里山のモミジなど、自然界の木の姿を造形化し、それをひとつの形にしたのが基本樹形です。まずはお気に入りの樹形を見つけることからはじめてみましょう。

Point

### 基本樹形にはどんな役割がある？

#### ❶ 整え方がわかる

基本樹形は先人たちの知恵であり、それをお手本にすることで、その木をどう整えていったらよいか、具体的なイメージがわかってきます。

#### ❷ 鑑賞の幅が広がる

盆栽園や盆栽展で、本格的な盆栽を鑑賞するときに、基本樹形がわかっていると、鑑賞するときの幅が広がり、より楽しくなります。

#### ❸ 本格的な盆栽をつくることができる

初心者はどんな盆栽がよいのかがわからないものです。基本樹形を知れば、我流でない盆栽をつくることができます。

## 基本樹形パターン

### 直幹《ちょっかん》

文字どおり、まっすぐな幹が特徴です。大地に八方に根を張り、光を求めて上へ上へと伸びる力強い木の姿を表現します。

### 斜幹《しゃかん》

左右のどちらかに幹が傾いている樹形です。傾斜地に生きる木など一方向から差す日の光を求めて枝を伸ばす木の姿で、自然でもよく見られます。

### 模様木《もようぎ》

枝や幹が前後左右に曲がっていることを、盆栽では模様といいます。素材の自然な立ち上がりを生かしつつ、安定感のある造形美を目指します。

### 寄《よ》せ植《う》え

5本以上の株をひとつの鉢に植えつけたものを指します。森や林の風景を表現するときにおすすめです。初心者でも風景を表現しやすい形です。

### 懸崖《けんがい》

枝や幹が鉢の縁よりも下に向かって伸びている形です。断崖絶壁で生きる樹木の姿を表現し、環境に負けずに生きる生命力を感じさせます。

## こんな樹形もある

### 文人《ぶんじん》

細い幹がすらりと伸びた形です。木の下方にはほとんど枝はありません。

### 株《かぶ》立《だ》ち

ひとつの株から複数の幹が出た形です。雑木林の雰囲気です。

### 吹《ふ》き流《なが》し

強い風に吹かれて枝が一方向に流れた一瞬をとらえた形です。

### 双幹《そうかん》

ひとつの株の根元から2つの幹が出た形。太い幹が主幹、細い幹が従幹です。

# 盆栽で使う土はどんなもの？

盆栽の基礎知識 6

**盆栽は鉢が小さいので土の量も少なくなります。植物が健康に育つために良質な土を使うようにしましょう。**

## 清潔な土を使うのが基本中の基本

植物にとって土はとても重要です。とくに、盆栽は小さい鉢の中で育てるため、通気性、排水性、保水性のバランスがよい土を使う必要があります。清潔な園芸用土を使うのは大原則で、庭や畑の土は使いません。

盆栽の基本用土は赤玉土です。小粒を鉢の底にしくゴロ土に、極小粒を植えつけ用土に使います。また、枝ものだけならば赤玉土のみで大丈夫ですが、草ものも一緒に植えつけるなら、より通気性、保水性のよい鹿沼土を混ぜます。

土はすき間がないようたっぷり入れます。

**草もの＋枝もの用土の割合の基本は 赤玉土2対鹿沼土1**

ブレンドの割合は、赤玉土（極小粒）2対鹿沼土1です。

ちなみに、赤玉土、鹿沼土ともに使用する前にできればふるいにかけて、粒の大きさをそろえ、みじんと呼ばれる土がつぶれてできる粉を取り除いておきます。このみじんが残っていると、水はけが悪くなるので注意しましょう（植えつけ後に水やりしたときに、鉢底から出る水が透明になれば、みじんが取り除かれた証拠です）。

Point

### 土は種類により使い分ける

**枝ものなら赤玉土を主体に**

枝ものの中でも酸性土を好むツツジ類は鹿沼土で植えますが、その他のものは赤玉土を主体に植えつけます。

**草ものを入れるなら鹿沼土を混ぜる**

草ものは根が細いものも多いので、通気性、保水性をよくするため、赤玉土3分の2に対して、鹿沼土を3分の1程度混ぜます。

※枝もの、草ものともに種類によっては土の配合を変えます。

# 盆栽に使う土の種類

## 赤玉土（極小粒）が手に入らなかったら？

赤玉土はどこの園芸店でも手に入るものではないので、もし小粒しかないようなら、それをふるいにかけて極小粒にしましょう。ふるいは2回かけます。最初、4ミリのふるいにかけた後、次に1ミリのふるいにかけます。こうすることでみじんも取り除くことができます。

ふるいをかけたときに出る土の粉をみじんといいます。このみじんが残ったままだと、目詰りを起こしたり、根腐れを起こしたりするので、かならず取り除きましょう。

### 赤玉土（極小粒）

赤玉土極小粒は盆栽用土の基本です。赤玉土は排水性、保水性、通気性がよく、肥料もちも優れています。赤玉土極小粒はインターネットショップや盆栽園芸店で手に入ります。

### 赤玉土（小粒）

水はけをよくするために鉢の底にしくゴロ土として使います。赤玉土は関東ローム層から出る赤土です。赤玉土小粒はたいていの園芸店にあるので、極小粒がなければこれをふるいにかけます。

### 鹿沼土（小粒）

栃木県鹿沼市近郊でとれる土。火山砂礫が風化したもので、赤玉土よりやわらかく、多孔質（粒の中に穴があいている）なため、より通気性、保水性に優れています。草ものにはこれを加えます。

## 風景をつくるために使う土（砂）もあります

鉢の中に小道や雪、水などの景色を表現したいときに使うのが化粧砂です。化粧砂は、富士砂（黒）と寒水砂（白）などを、必要に応じて使い分けます。化粧砂は水やりなどで失われるので、ときどき足すようにしましょう。

富士砂（黒）

寒水砂（白）

# 盆栽で使う鉢はどんなもの？

**盆栽に使う鉢は小さいほうが、植物が大きく見えてより風景感が出ます。鉢の選び方を簡単に説明しましょう。**

盆栽の基礎知識 7

## 初心者は浅すぎず深すぎない丸鉢がおすすめ

盆栽の「盆」が鉢であることからもわかるように、鉢選びは重要です。どんな鉢を選ぶかで、印象は変わります。

面白みのある形の鉢はそれだけで盆栽が個性的に見えます

まず、鉢底穴があり、高台や脚がついた高さのあるものを選びます。これは通気性、排水性のためです。

デザインについて決まりはないので、基本的にはどの鉢を選んでもよいのですが、最初はやはりオーソドックスなものがよいでしょう。

おすすめは陶器製で5センチくらいの深さの丸鉢です。丸鉢ならば、ちょっと正面がずれたとしても簡単に軌道修正でき、浅すぎず深すぎずバランスもとりやすいので、初心者にも使いやすいようです。

## 存在感が強すぎないよう注意

盆栽は鉢に存在感がありすぎると、重たい印象になり、すっきり仕上がりません。

もともと、盆栽の鉢というと楕円形や長方形のものが多かったのですが、これを丸や正方形のものにするだけで、モダンかつ軽やかな感じになります。

とはいえ、浅すぎる鉢は土が少なく、育てるのが難しいので、最低でも5センチほどの深さの鉢を選びましょう。

Point

### 鉢選びのポイント

**ポイント1 専用のものを**

鉢の内側にまで釉薬《うわぐすり》がぬってあったり、プラスチック製だったりする器は、通気性が悪く、盆栽の鉢には向きません。盆栽専用のものを使いましょう。

**ポイント2 丸いものが一番**

丸鉢はバランスがよく安定感があります。陶器製でも白や黒色のシンプルなデザインのものを選べば、現代的な印象になります。

**ポイント3 浅すぎても深すぎてもダメ**

浅鉢は土が少なく水切れを起こしやすいので初心者は避けたほうが無難です。深鉢も鉢ばかり目立ってしまいます。

## 盆栽で使われる鉢の例

### 古典的な形の鉢

四隅に高台があり、中央に鉢底穴があいています。長方形やだ円形の鉢は盆栽鉢の定番の形で、見た目にも安定感があります。

### モダンな雰囲気の白い鉢

白に薄いグレーの模様が入っており、それがアクセントになって、個性的な雰囲気になります。白い鉢は花や実や新緑、紅葉にも合います。

### 濃い色の深めの鉢

約8センチと深めの長方形の鉢で、鉢底穴が2つあいています。色も濃いめで深い鉢なので、存在感のある植物と合わせましょう。

## 鉢の形のいろいろ

### 丸い鉢（初心者には深さは5センチくらいのものがおすすめ）

丸い鉢は正面が少しずれても回すことで簡単に修正できるので、初心者にはおすすめです。また、深さも5センチ程度なら、重たい雰囲気にならず、ある程度土も入るので、水切れなどの心配も軽減できます。

### 浅い鉢

浅い鉢は植物を大きく見せるので、景色を表現したいときには最適です。ただし、入る土の量が少なく、水切れも起こしやすいので栽培管理が難しいのが難点です。慣れてきたら使うようにするとよいでしょう。

### 長方形の鉢

長方形の鉢は盆栽ではよく使われるもっとも一般的な形です。安定感があり、どっしりした樹形のものを合わせると引き立ちます。どちらかというとかたい印象になりやすく、やわらかい印象にしたい場合は丸形やだ円形の鉢をおすすめします。

### 深い鉢

高さのある深鉢は、下に垂れ下がって伸びる懸崖型（17ページ参照）や丈の高い草盆栽などに向きます。どうしても鉢の印象が強くなるので、初心者には難しい鉢です。選ぶ際には深さ7〜8センチくらいまでのものにしましょう。

# 盆栽でよく使われる道具は？

盆栽の基礎知識 8

**盆栽を一からつくらないとしても、剪定や植え替えなどで道具は必要になってきます。何が必要なのかをここで説明しましょう。**

## 専用の道具があれば盆栽がより楽しく

盆栽で必要な道具はたくさんはありません。枝葉を切る「剪定ばさみ」、根を切る「根切りばさみ」、針金を切る「針金切りばさみ」、針金をねじる「やっとこ」、コケをはりつけるときに使う「コテつきピンセット」などです。

やっとこや針金切りばさみは日曜大工などで使う工具（ペンチなど）で代用できますが、はさみだけは専用のものを用意したほうがよいでしょう。

このとき、大切なのが根を切るための根切りばさみと、枝葉を切るための剪定ばさみを分けることです。もったいないからと同じはさみで根も枝葉も切っていると、すぐに切れ味が悪くなり、植物を傷めてしまいます。しかも、刃こぼれして使えなくなるので、結果的に寿命を縮めることに。植え替えや植えつけを行うなら、かならず、根切りばさみを用意してください。

また、はさみは使ったらかならず水気や汚れをふきとるようにすると、長もちします。

コテつきピンセットはコケをはる以外に土をならすときにも使います。

**土入れとじょうろも必要**

じょうろは先端にはす口がついたものを選びます。土入れはいくつか大きさをそろえると便利です。

Point

### 盆栽のはさみを選ぶポイント

**ステンレス製が一番**

鉄製のものに比べ、ステンレス製のはさみは割高ですが、さびにくく長もちします。手入れもしやすく、おすすめです。

**2種類用意しよう**

剪定ばさみで根を切っていると、すぐに切れ味が悪くなります。植え替えや植えつけをするなら、はさみは2種類用意しましょう。

## 盆栽づくりで使用する道具

### シュロほうき

小さいほうきがひとつあると、作業台の上をいつもきれいに保てます。

### 竹箸

鉢に土を入れ込んだり、根をほぐしたり、植えつけや植え替えの必需品です。

### コテつきピンセット

コケをはったり、はがしたりするときに使います。用土やコケを押さえるときはコテの部分を使います。

### やっとこ

根留めの針金をねじったり、成形した針金を巻いたりはずしたりするときに使用します。ペンチで代用可能ですが、専用のやっとこのほうが木を傷めません。

### 剪定ばさみ

枝葉を切るためのはさみです。刃先が細いもののほうが、細かい枝葉を切りやすいのでおすすめです。

### 針金切りばさみ

根留めや針金成形の針金を切るときに使います。ペンチで代用できますが、専用のはさみは刃先に丸みがあるので、樹皮を傷めません。

### 根切りばさみ

根を切るときのはさみです。盆栽ばさみともいいます。切り花用の花ばさみで代用することもできますが、刃先の細い専用のはさみのほうが、作業がはかどります。

# 春の盆栽

色鮮やかな花が咲き、緑が芽吹く
満開の花から新緑へ。春を盆栽で愛でる

可憐な春の草ものを集めて。瓦型の鉢に野の花をすくい取ったような、まさに春の贈り物です。
◉タイワンバイカカラマツ、ヒナソウ、ハコネギク

野原を
すくい取ったような
可憐な草もの盆栽

陽だまりでほっこり咲く、
そんな癒しのひと鉢

鉢＆花が
イエローのハーモニー

梅の香りが
匂い立ち、
春の訪れを告げる

【右上】

薄クリーム色のヒメシャクナゲ、鮮やかな黄色のヒメツワブキ。鉢も鮮やかなイエローで、春の訪れを告げてくれます。

◉ヒメシャクナゲ、ヒメツワブキ

【左上】

少しずつ寒さもやわらぎ、陽だまりに春のあたたかさを感じるような、癒しを与えてくれるひと鉢。

◉カンボケ、バイカオウレン

【左下】

根締めに入れたサクラソウのピンクが、ウメの美しさをより引き立てます。

◉ウメ、サクラソウ、セキショウ

# 春の盆栽

春のうららかな日差し、
それだけで心がはずむ

手のひらに
春がやってきた！
パステルの鉢が楽しい

【上】ツバキが満開に咲き、あたたかかな日差しを浴びて、早春を謳歌している、そんなひと鉢。◉コチョウワビスケツバキ、バイカオウレン、ユキヤナギ

【右】ペパーミントグリーンの鉢とカンザクラの淡いピンクが春らしさを醸し出します。◉カンザクラ

# 新緑の美しさが目にまぶしい

新緑の季節のキヨヒメモミジは葉の色も鮮やか。根締めのフウチソウも出はじめらしい黄緑色です。日に日に育つ若々しさを感じます。

●キヨヒメモミジ、フウチソウ

芽吹きの季節に
林を散歩
そんな清涼感がうれしい

淡いグリーンは芽吹きの季節だからこそ。1年の中でほんのちょっとの間しかないぜいたくさ。そんな新緑の林の中を散歩しているような気分が味わえます。

◉アカメソロ、フジブナ、ケヤキ

# 春の盆栽

テーマは新緑。
どの鉢にもみずみずしさが息づく


【右上】

ツリバナの葉のやわらかさは新緑の季節だからこそ。針金成形でつくられた枝ぶりもやさしげです。

◉ツリバナ

赤と緑のコントラストが鮮やか


【左上】

デショウジョウモミジの赤が入り、緑と赤のコントラストでにぎやかな新緑の雰囲気です。

◉デショウジョウモミジ、スノキ、ヒナソウ

野趣あふれる
チョウジュバイの
コケ玉盆栽


【左下】

草むらに咲くボケの花。野趣あふれる姿が野に来た春を教えるかのようです。

◉チョウジュバイ、コガネシダ、クマザサ

まるで緑のトンネルをくぐりぬけるような錯覚が！

右と左の鉢は2つセットで鑑賞するようつくられています。

【右上】右の鉢はアカメソロが左に流れるよう植えつけられています。根締め（36ページ参照）に入れたアカネキンバイソウの黄色の花が新緑をひきたててくれます。

◉アカメソロ、ヒメシャラ、斑入りハタザオ、アカネキンバイソウ

【左上】左の鉢のアカメソロは右に流れるよう植えつけられており、左と右をあわせると、まるで緑のトンネルのような趣に。黒の鉢がシャープな印象です。

◉アカメソロ、ヒメシャラ、斑入りハタザオ、アカネキンバイソウ

# 春の盆栽

第2章

# 盆栽のつくり方

盆栽づくり
1
Lesson

# 盆栽をつくる前に知っておきたいこと

盆栽は一度つくったら長く楽しむものです。すぐに枯らしてしまったら、つくったほうも残念な思いをします。そんなことにならないために、初心者でも失敗しない盆栽づくりのイロハをお教えしましょう。

シナノカンザクラ1種類の枝もの盆栽。サクラはケヤキやモミジを育てられるようになってから挑戦したいものです。

## シンプルなものから挑戦してみよう！

小さな鉢で育てる盆栽は、水切れが早く、水やりのリズムなど慣れるまで難しさを感じるもの。まずは丈夫な植物からはじめましょう。

まず、夏に高温多湿になる日本の環境に慣れやすいもの、そして、平地で育てやすい植物を選ぶことです。具体的には街路樹として植えられているようなトウカエデ（127ページ参照）などのカエデ類、モミジ（127ページ参照）がこれに当たります。とりわけ、トウカエデは強い剪定に耐え、萌芽力も高いのでおすすめです。草ものなら山草よりも野草として自生するような植物がよいでしょう。

また、枝ものと草ものを寄せ植えする盆栽は、初心者にはおすすめできません。まずは、枝ものまたは草もの1種類のシンプルな盆栽に慣れてから。盆栽は、日々の変化が楽しく、育てることでその盆栽に愛着が湧くもの。シンプルな盆栽をひとつつくり、それを大切に育てることからはじめてみましょう。

## Q 初心者はまず何からつくればよいのですか？

### A 丈夫な枝ものなら失敗する可能性は低いです

つくるのも育てるのも簡単なのが、1種類の枝ものを鉢に植えつける盆栽です。カエデやモミジ（以上127ページ参照）など、平地で育てやすい丈夫な強い植物を選びましょう。

草もの単品もおすすめです。ジャノヒゲやユキノシタなどを選べば、管理は難しくありません。

盆栽は鉢が小さければ小さいほど、植物が大きく見え、大木感も出ますが、最初は少し大きめの鉢にしたほうが、失敗せずに済みます。枯らさずに長く育てることを目標にしましょう。

**おすすめは…**

枝ものまたは草もの単品を植えつけた盆栽。このとき、植物は丈夫なものを選ぶこと。庭に地植えできるような草ものや、街路樹になる枝ものがよいでしょう。

**難しいのは…**

高山植物などはたとえ日本原産であっても、初心者には難しいでしょう。また、最初から浅鉢に植えた盆栽は水切れが早いのでおすすめできません。

# 盆栽づくり Q&A

## Q 盆栽づくりをするならいつがよいですか？

### A 3月がもっともおすすめです

盆栽はつくってから1カ月くらいの管理がもっとも大切です。土に根が張るまでが難しいのです。

ですので、植えつけは、3月が一番おすすめです。少しずつあたたかくなる3月なら、植えつけ後の管理も楽で枯らすリスクは低くなります。4月の芽吹き後は葉がどんどん出て、新しい根も出るので安心です。

ただし、日本は南北に長く、地域差があります。サクラが咲く少し前と覚えておけばよいでしょう。

## Q つくった盆栽をできる限り早く元気にするにはどうすればよいですか？

### A 屋外で光と水をたっぷり、が基本です

初心者に多い失敗が、植えつけ後の管理を誤ってしまうことです。植えつけてすぐの1週間程度は、屋外でも軒下など強い風が当たらない、日なたに置きましょう。その後は日なたで育て、日光に十分当てます。

また、風が強いところに置いてはいけません。風の弱いところに置くか、風よけをつくりましょう。

植えつけ後の1カ月間はこまめにようすをみましょう。

盆栽づくり
2
Lesson

# 盆栽づくりの具体的な手順

**実際に盆栽をつくるときの流れを簡単に説明します。植えつけ方や土の入れ方なども大切ですが、もっとも重要なのは何を植えるかです。植える植物を決めることで、どんな盆栽ができあがるかが自ずと決まってくるでしょう。**

鉢に植物を植えつけるときはバランスを見ながら、形を整えていきます。形を整えてから土を入れましょう。

## 植物→鉢→配置の順で決めていきましょう

初心者の場合、盆栽で風景をつくるというよりも、単品または2種類程度の植物を植えて、それを愛でるという楽しみ方からはじめてみましょう。それゆえに、どんな植物を植えるかがもっとも重要になります。お店の人に聞くなどして、丈夫な植物を選びましょう。

植えつける植物を決めたら、次は鉢です。その植物に合う鉢を選んでいきます。このとき、植物の姿が変わることを念頭に置きます。どんな花が咲くのか、紅葉するのかしないのか、紅葉するとしたらどんな色になるのかなど、1年を通じて、その植物がもっとも映える色と形の鉢を選ぶようにしましょう。

植物と鉢が決まったら配置です。そのままの状態では小さい鉢に収まらないことも多いので、株分け（108ページ参照）や根鉢をくずすなどの方法で植物の根を小さくしてから植えます。このとき、常に正面を自分のほうに向けて植えるのがポイントです。

# 盆栽づくりの手順

## 1 植えつける植物を決める

何を植えるか、植物を選びます。自分の傍らにこんな植物があったら楽しいな、こんな植物と一緒に暮らしたいなという観点で選ぶのもひとつの方法です。とはいえ、最初から育てるのが難しい植物は選ばず、丈夫なものにしましょう。

## 2 どんな鉢に植えつけるかを決める

鉢選びは盆栽づくりのポイントのひとつです。モダンな感じにしたいなら、白や黒のモノトーンの鉢がおすすめです。浅すぎるものは、育てにくいので初心者は避けたほうが無難です。最低でも深さが5センチほどあるものから選びましょう。

## 3 鉢にどう植えるか配置を決め、土を入れる

選んだ鉢にどういう配置で植えつけるかを決めます。手の中で花束を組むように株と株を合わせ、完成したところをイメージしましょう。盆栽の場合、枝ものの根鉢は3分の1程度までくずす、そのままでは入らない草ものは株分けするなどの工夫をします。

## 4 水を与え、コケをはる

植えつけ終わったら水を十分に与えます。鉢底から出てくる水が透明になるまでが目安です。その後、コケをはっていきます。コケは乾燥防止のほか、盆栽に落ち着きを加える美観の効果も。茶色く傷んだコケははり替えが必要になります。

## 5 完成

コケをはったら植えつけは完了です。鉢に根がなじむまではかならず、屋外の風の弱い場所に置き、十分日光に当てましょう。水やりも大切です。盆栽では水をあげすぎて枯らすという心配はあまりないので、たっぷりと水をあげてください。

### たとえば…
### 56ページから紹介する盆栽の場合

**❶植物を選ぶ**

秋の野原をイメージし、コムラサキシキブとススキを選びます。どちらも風に揺れる姿が印象的です。

**❷鉢を選ぶ**

白に薄いグレーの模様が入っただ円の鉢を選びます。モダンな雰囲気をこの鉢で表現しています。

**❸配置を決め、土を入れる**

コムラサキシキブとススキをどう植えるかあらかじめ合わせた状態で鉢に入れます。土は竹箸ですき込みます。

**❹水を与え、コケをはる**

鉢底から出る水が透明になるまで、たっぷり水やりをします。その後、表土が見えなくなるまでコケをはります。

**❺完成**

仕上がった状態です。コムラサキシキブの枝がしなり、ススキが秋の野原を表現しています。秋にそばに置いておきたいひと鉢ができあがりました。

盆栽づくり
3
Lesson

# 盆栽づくりはデザインがポイント

枝ものや草ものの単品盆栽を育てることに慣れてきたら、ぜひ、盆栽で四季の風景を表現するデザインのものに挑戦してみましょう。デザインを考えるのは一見難しそうですが、ちょっとしたコツさえ覚えれば経験が少ない人でも大丈夫です。

ベニシタンの横に背丈の低い下草を配置することで、ベニシタンがより大きく見え、風景感が出ます。

## デザインに定石はあるけれど正解はありません

盆栽づくりに慣れてきたら、デザイン性のあるものに挑戦してみましょう。デザインというと難しく考えがちですが、メインの植物を決め、それを引き立てるような植物を足していきます。このとき、引き立て役の植物はメインの植物と季節感を合わせます。また、以下の２つを覚えておきましょう。

### ❶ 強弱をつける

中心になる植物を決めたら、その横に背丈が低い植物をそえます。こうすることで、強弱が生まれ、動きが出ます。

### ❷ 根締めを入れる

中心になる植物の根元に、背丈の低い植物を植えることを根締めといい、大木感が出ます。根締めが入ることで、安定感が生まれ、盆栽の風景に広がりが見えてきます。

小さい鉢と植物なのに、大きな風景が表現されている、これが盆栽の醍醐味です。強弱にしても、根締めにしても、どちらもメインの植物をより大きく見せるための工夫ともいえます。

# 盆栽のデザイン

強弱のつけ方と根締めについて
デザイン画と完成写真を元に
くわしく説明していきましょう

## 1 丈の高いものと低いものを合わせ、強弱をつける

ロウヤガキは流れが出るように、少し右に傾けて植えつけます。

丈の低いヤマモミジとナンテンを入れてバランスをとります。

クリーム色の鉢を使って秋らしさを出します。

**デザイン画**

**ロウヤガキの季節感と合わせて秋の植物を**

ロウヤガキは秋の実が鑑賞期です。これに紅葉が美しく、鑑賞期も合うヤマモミジとナンテンを入れ、里山の風景を表しています。

## 2 根元に丈の短い草ものを植えて安定感を出す

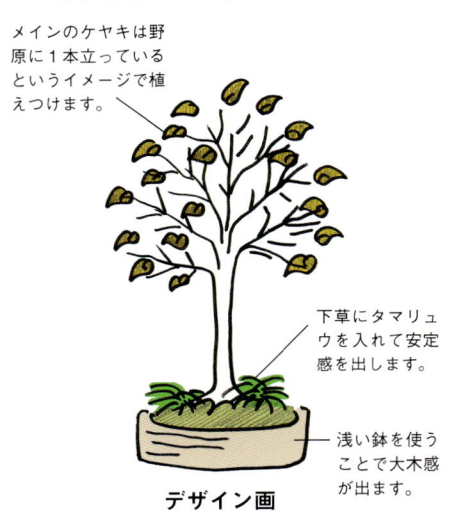

メインのケヤキは野原に1本立っているというイメージで植えつけます。

下草にタマリュウを入れて安定感を出します。

浅い鉢を使うことで大木感が出ます。

**デザイン画**

**下草を入れることでケヤキの大木感を出す**

野原の真ん中に立つ大木のケヤキ、そんな雰囲気を出すために、下草としてタマリュウを数株植えています。こうすることで安定感も出ます。

基本手順①

# 鉢の準備

鉢の準備は草ものと枝もので少し違いがあります。
枝ものの場合、かならず根留め用の針金の準備を行いましょう。

## 枝もののみに必要な準備

### 短い針金に長い針金を巻きつけ、根留めをつくる

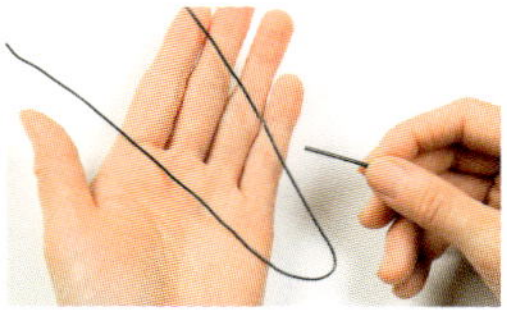

鉢底穴の直径より少し長めの針金（太さ2ミリ）と、鉢に添わせて両端が10センチずつ余る長さの針金（太さ1.5ミリ）を用意。

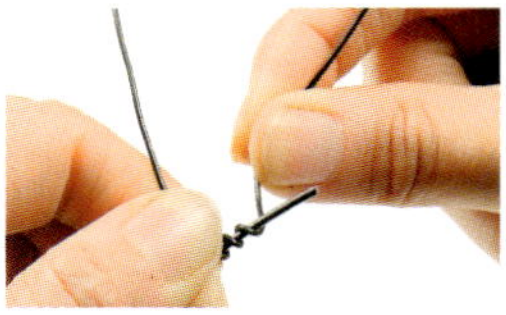

長い針金を短い針金に写真のように巻きつけます。

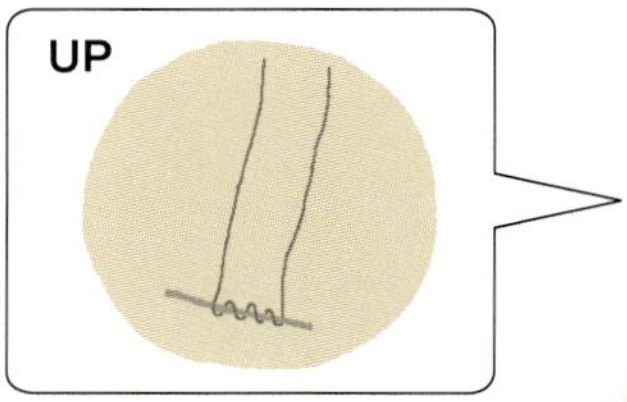

根留め完成状態。巻きつける回数は3～4回。

### 鉢底穴から根留めを通し、鉢に添わせておく

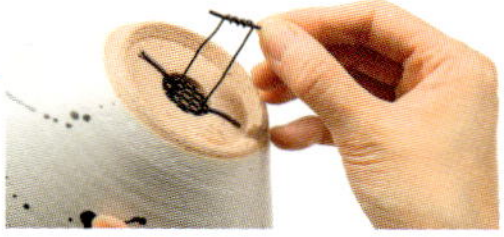

鉢を裏返し、鉢底穴から根留めを通します。

通した根留めの針金は鉢に添わせます。

針金を鉢の際で折り曲げておきます。

## 草もの＆枝もの　共通で必要な準備

### 針金を曲げる

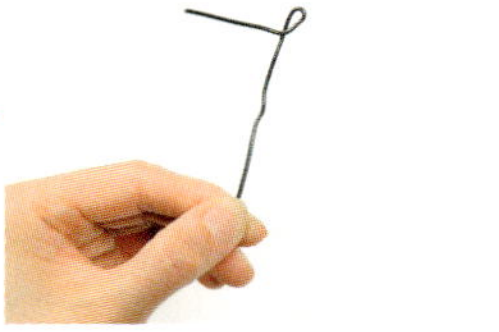

鉢底穴の直径の3倍に切った針金（太さ1.5ミリ程度）を写真のように曲げます。

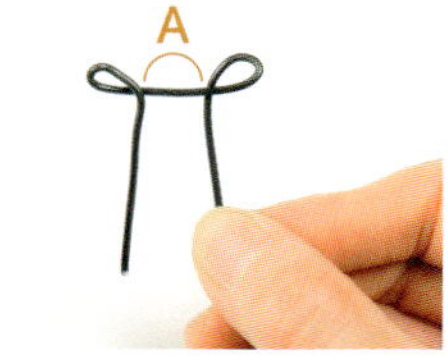


もう片方も曲げます。Aの幅は鉢底穴の直径と同じくらいです。

### 鉢底網に通す

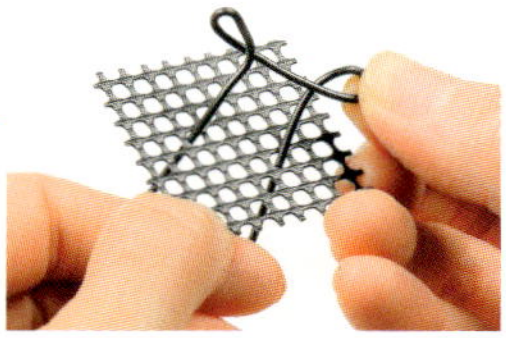

使う鉢の鉢底穴よりひと回り大きく切った鉢底網に、針金を通します。

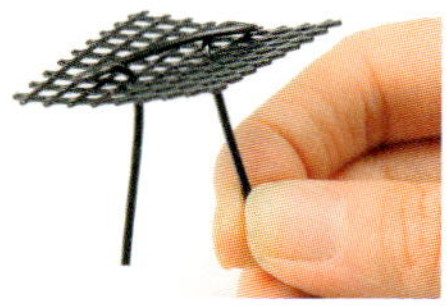

針金を通すところは、鉢底網の中心部です。

### 鉢に通し、針金を固定して切る

鉢底網を鉢底穴にのせます。針金の曲がった部分は手でつぶします。

鉢を裏返し、はみ出した針金を左右に折り曲げて鉢底網を固定します。あまった針金は針金切りばさみで切ります。

完成状態。こうすることで鉢と網が固定され鉢底穴から土がもれることを防ぎます。

基本手順②

# 苗の準備

**枝ものは植えつける前に、剪定を行います。
また、草もの、枝ものともに根鉢はくずし、根は切ります。**

## 枝もの＆草もの　共通で必要な準備

### ポットから苗を取り出す

ポットから出しにくい場合は、ポットの縁に竹箸をさし、ゆるみをつくりましょう。

### 竹箸で根鉢をくずし、古く長い根を切る

**くずす**

髪をとかすように根元から根先へと箸を流し、古い土を落とします。

**根を切る**

半分くらいの長さに根を切ります。根を短くすることで、新しく活力ある発根が促進されます。

after

準備が終わった状態。ポットから出したときに比べ、根はかなり小さくなっています。

## 枝もののみに必要な準備

before

購入した状態。枝ものは剪定をしてから植えつけます。

### 木の正面を決め、剪定する

剪定は木の正面を決めることからはじめます（木の正面の決め方は14ページ参照）。

木の輪郭を決めます。目安は三角形です（剪定の仕方は100ページ参照）。

忌み枝（101ページ参照）といわれる余分な枝を切ります。

剪定することで枝ぶりがすっきりします。

（左上へつづく）

盆栽をつくってみよう
1

# 草もの盆栽をつくる

草ものだけの盆栽ならつくるのも育てるのも比較的簡単なので、初心者におすすめです。
花のない時期のことを考えて鉢を選ぶのがポイントです。

## ダイモンジソウは咲いているときはもちろん、花のないときでも楽しめます

- **使用する植物**　ダイモンジソウ
- **デザインのポイント**
  ダイモンジソウは葉の形がかわいらしいので、花のないときも楽しめる草ものです。ところどころに白い模様の入った鉢を使うことで、楽しげな雰囲気を出しています。
- **植えつけの時期**　3月または10月
- **手入れのポイント**
  ダイモンジソウはとても丈夫な植物なので、特別な世話は必要ありません。夏場は日が当たりすぎないよう遮光するか、明るい日陰に置くとよいでしょう。

上から見ると

# 用意するもの

## 苗

ダイモンジソウ。花の形が「大」の字に似ていることからついた名前。9～10月に花が咲きます。

## 鉢

直径約7センチ、深さ約10センチの鉢。黒地に白い水玉がアクセントになっています。

## 鉢底網と針金

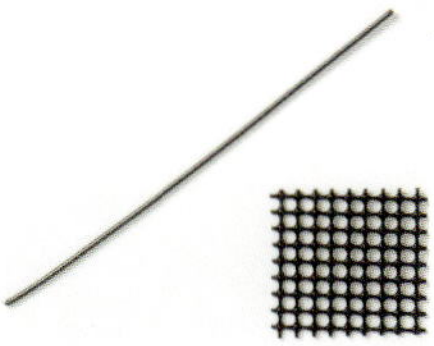

鉢底穴よりひと回り大きくカットした鉢底網と、太さ1・5ミリ、鉢底穴の直径の約3倍の長さに切った針金を用意します。

## 土

赤玉土（小粒）※ゴロ土用

赤玉土（極小粒）2 対 鹿沼土1

草ものの盆栽では赤玉土の極小粒と鹿沼土を2対1で混ぜたものを使います。

## コケ

ヤマゴケ。コケはできれば使用する分だけ用意するようにしましょう。

## 道具

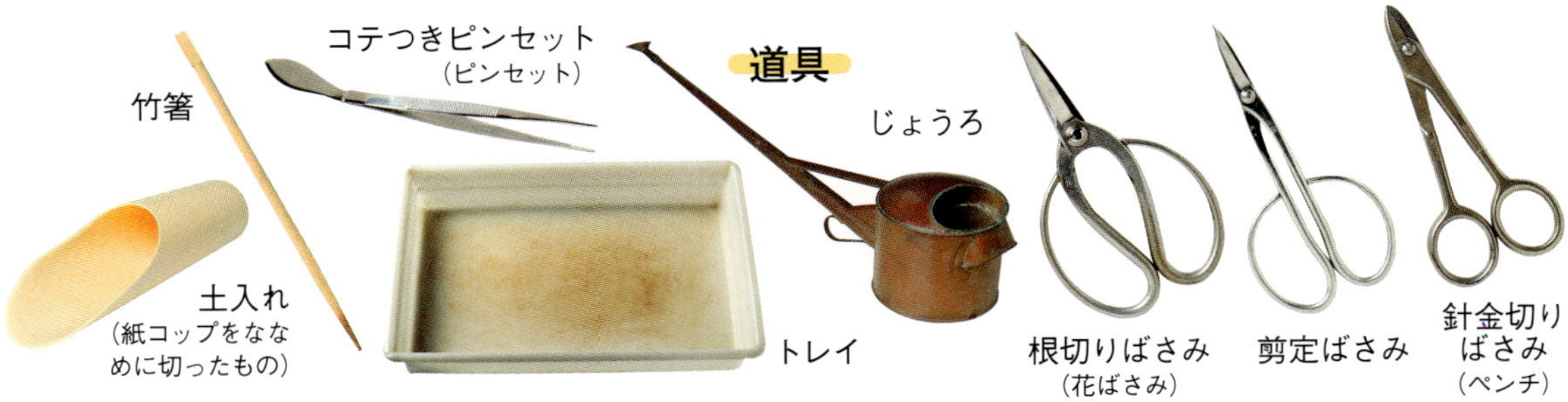

竹箸
コテつきピンセット
（ピンセット）
じょうろ
土入れ
（紙コップをななめに切ったもの）
トレイ
根切りばさみ
（花ばさみ）
剪定ばさみ
針金切りばさみ
（ペンチ）


草もの盆栽では根留めをする必要がないため、やっとこは必要ありません。また、カッコ内の道具で代用可能です。

**準備**

38ページを参照しながら、鉢底網を鉢に固定します。草もの盆栽の場合、根留めの準備は必要ありません。

針金を曲げてピンをつくり、鉢底網に通し、鉢に固定します。

鉢を裏返して、ピンのはみ出した部分を折り曲げて固定します。

針金がはみ出しているようなら、針金切りばさみで切っておきます。

次ページにつづく

## 1 苗を掃除し、ポットから出します

植える前に枯れた葉や花を取り除いておきます。その後、ポットから出します。

枯れた葉は腐って病害虫の原因にもなるので、植えつけ前には必ず取り除きます。

根が多すぎて出しづらいときは、竹箸をポットの縁からさし、ゆるみをつくります。

苗をポットから出します。盆栽は根をほぐすので、根鉢がくずれても大丈夫です。

## 2 根鉢をくずします

盆栽の鉢は小さいため、土も少ししか入りません。もともと根についていた古い土は落として、新しい清潔な土で育てるのが基本です。

髪をとかすように竹箸を入れていきます。

根の生える向き、根元から根先に向かって箸を流していきます。

根をくずし終えた状態。ポットから出したときに比べて、土を半分以上落としています。

## 3 根を切ります

根鉢をくずした後、長い根を切ります。盆栽では小さい鉢の中で新しい根が伸びることができるよう、植える前に根を小さくします。

根切りばさみで半分くらいに根を切ります。

根を切ったところ。ポットから出したときに比べて、根鉢が半分以下の大きさになっています。

## 4 鉢に土を入れます

土は鉢の深さの5分の1程度まで、ゴロ土として赤玉土の小粒を入れます。その後、赤玉土の極小粒と鹿沼土を2対1で混ぜたものを、深さの3分の1程度まで入れます。

赤玉土の小粒を底にしくことで、水はけがよくなります。

草もの盆栽では鹿沼土を混ぜたものを用土として使います。

## 5 苗を鉢に植えつけます

鉢の正面を意識し、苗を植えつけることで、バランスがよくなります。

鉢の正面を確認します。常に、正面を手前にした状態で植えつけるようにしましょう。

↓

苗を鉢に入れます。正面に対して葉のバランスがよくなるように植えるとよいでしょう。

↓

土入れで土を入れます。少しずつ入れていきます。

↓

竹箸で用土をついて、根と根のすき間にしっかり土が入るようにします。

これを4〜5回くり返します

↓

用土がたっぷり入ったら、コテつきピンセットで押さえます。

## 6 水やりをする

はす口のついたじょうろでたっぷり水を与えます。鉢底から出てくる茶色い水が透明になるまでが目安です。

茶色い水には細かい土が含まれています。これをしっかり流すことが重要です。

## 7 コケをはる

仕上げに表面の土を覆うようにコケをはります。コケには保湿のためと美観のふたつの目的があります。

コケは裏側の土を取り、薄くしてから使います。

←

コケを小さくちぎりながら埋め込むようにはっていきます。

↓

パズルのように、表土が見えなくなるようにはります。

### 完成

草もの単品なら初心者でも30分程度でつくることができます。

# 草もの盆栽のいろいろ

草ものだけでつくった盆栽をいくつか紹介します。
草ものだけならば、比較的簡単につくることができます。

## 春の草もの盆栽1

### 使用する植物
バイカオウレン❶

### デザインのポイント
旺盛に生長するバイカオウレンに合わせて、少し大きめの鉢を用意し、余白のあるデザインにしています。常緑タイプなので、花のない時期も楽しめます。

### 植えつける時期
3月または10月

### 手入れのポイント
バイカオウレンは丈夫な植物でどんどん株を殖やします。可憐な花に似合わずとても丈夫なので、初心者にもおすすめです。株が大きくなるので、2年に1回の株分け（108ページ参照）は必須です。

上から見ると
❶

可憐な外見に似合わず
丈夫な草もの盆栽

## 春の草もの盆栽2

### 使用する植物
タンチョウソウ❶、コタヌキラン❷

### デザインのポイント
富士砂を固めて焼成した鉢は一見鉢には見えず、まるで岩のようです。この鉢を使うことで、山の自然の一角を切り取ったような野趣を出しています。

### 植えつける時期
3月または10月

### 手入れのポイント
タンチョウソウは春に花が咲いた後、夏には葉が枯れ休眠します。このとき、もう枯れてしまったのかと思い、水やりをしないでいると本当に枯れてしまうので注意しましょう。

上から見ると
❷
❶

岩のように見える鉢を使うことで
野趣を出す

※44～47ページの は144ページを参照してください。

## 夏の草もの盆栽 1

### 使用する植物

フウチソウ❶

### デザインのポイント

フウチソウをコケ玉仕立てにして浅鉢にのせ、その後浅鉢に根づいて一体になりました。コケ玉は水切れしやすく、初心者には意外と難しいのですが、浅鉢を下に置くことで育てやすくなります。

### 植えつける時期

3月

### 手入れのポイント

フウチソウを選ぶときは葉が小さいタイプのヒメフウチソウを選ぶと葉が長くならず、形を保つことができます。夏は半日陰で育てましょう。

上から見ると
❶

みずみずしいフウチソウの緑を
浅鉢仕立てで楽しむ

## 夏の草もの盆栽 2

### 使用する植物

セイヨウシノブ❶

### デザインのポイント

草玉の中に針金を通し、ここに風鈴のテグスを結びつけています。軒先などに吊るして飾れば、まさに夏の風物詩。風鈴の涼やかな音が、夏の暑さを和らげてくれます。

### 植えつける時期

1年中

### 手入れのポイント

シノブは「どんな環境でも忍ぶ」ところから名づけられたといわれるくらい丈夫な植物です。日なたでも日陰でも、なじんでくれます。水だけはたっぷり与えるようにしましょう。

上から見ると
❶

風鈴＆コケ玉で
夏の暑さを和らげる

## 秋の草もの盆栽 1

### 使用する植物

ヒメエノコログサ❶、コガネシダ❷

### デザインのポイント

かごのような鉢に、秋の原っぱにあるようなヒメエノコログサ（いわゆるネコジャラシ）やコガネシダを植えつけました。身近な自然をおみやげにしたような雰囲気を出しています。

### 植えつける時期

3月

### 手入れのポイント

ヒメエノコログサ、コガネシダともに野に自生する草なので基本的には難しくありません。この盆栽のように浅鉢で育てるときは、水切れに注意しましょう。2年に1回、株分けが必要です。

上から見ると
❶
❷

秋の原っぱをかごに
詰めたようなかわいらしさ

## 秋の草もの盆栽 2

### 使用する植物

フウチソウ❶

### デザインのポイント

45ページで紹介した浅鉢仕立ての盆栽の秋の姿です。フウチソウがオレンジ色に紅葉し、草紅葉の姿となり、夏の姿とはまったく別物です。こうした四季の移ろいを感じられるところも盆栽の魅力のひとつです。

### 植えつける時期

3月

### 手入れのポイント

フウチソウは紅葉が終わると枯れてしまいます。根元から2センチ程度残して短く切り、2～3日に1回水やりをしながら冬越しをさせると、春に新しい葉が芽吹きます。

上から見ると
❶

オレンジ色に紅葉した
秋のフウチソウを愛でる

## 冬の草もの盆栽 1

### 使用する植物

フクジュソウ❶、タマリュウ❷

### デザインのポイント

フクジュソウの花丈は低く、土から直接花が咲いているような姿で、春を告げてくれるひと鉢です。コケの間の化粧砂は雪を見立てています。

### 植えつける時期

11月

### 手入れのポイント

毎年花を楽しむには、フクジュソウは根が深く伸びるので、花後に10センチ以上の深鉢に植え替えるか、または地植えにします。

上から見ると
❷
❶

フクジュソウが咲く1カ月だけを
盆栽として楽しむ贅沢

## 冬の草もの盆栽 2

### 使用する植物

ヒナソウ❶、ヒメトクサ❷

### デザインのポイント

水色でさわやかな花色のヒナソウと常緑のヒメトクサを合わせることで、春を待ちわびる気持ちを表現しました。ほんのり水色の鉢も春らしさのポイントです。

### 植えつける時期

2～3月

### 手入れのポイント

ヒナソウは花後に草丈が伸びたら5～6月に切り戻し剪定をします。また、2年に1回株分けが必要です。

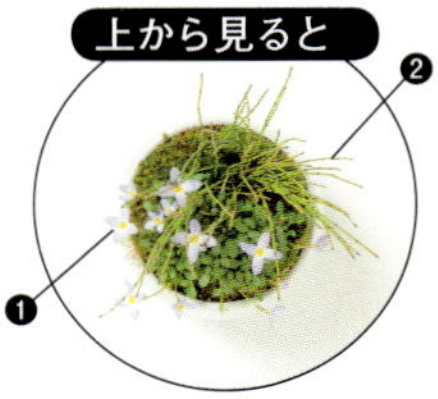
上から見ると
❷
❶

春を待ちわびる
そんな気持ちを詰め込んで

# 枝もの盆栽をつくる

枝もの盆栽は丈夫な植物を選べば、つくるのも育てるのも比較的簡単です。旺盛に生長するものなら、剪定の練習にもなります。

## コマユミが真っ赤に紅葉したときに合わせて黄色い鉢をセレクト

- **使用する植物**　コマユミ

- **デザインのポイント**
葉が緑色のときも華やかな印象を与える黄色い鉢ですが、コマユミが真っ赤に紅葉したときは、黄色と赤のコントラストが楽しい盆栽です。

- **植えつけの時期**　3月または10月

- **手入れのポイント**
日当たりのよいところで葉を肉厚に育てることがポイントです。紅葉の時期もたっぷり日に当てることで、葉の色づきがよくなります。

上から見ると

## 用意するもの

### 苗

コマユミ。秋に赤い実をつけた後、真っ赤に紅葉します。庭木としてもよく用いられる枝ものです。

### 鉢

直径約9センチ、深さ約7センチの丸鉢。きれいな黄色で現代的な印象の鉢です。

### 鉢底網と針金

鉢底穴よりひと回り大きい鉢底網、鉢底穴の3倍の長さの針金(太さ1.5ミリ)、根留め用として鉢底穴の直径より少し長めの針金(太さ2ミリ)と、鉢に添わせて両端が10センチずつ余るくらいの長さの針金(太さ1.5ミリ)を用意します。

### 土

赤玉土（小粒）※ゴロ土用

赤玉土（極小粒）

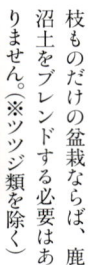

枝ものだけの盆栽ならば、鹿沼土をブレンドする必要はありません。(※ツツジ類を除く)

### コケ

ヤマゴケ。ヤマゴケは初心者でも扱いやすいコケです。市販されているものを使います。

### 道具

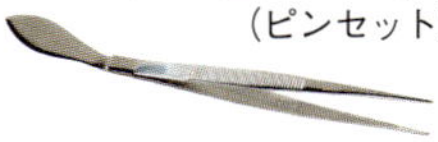

コテつきピンセット
（ピンセット）

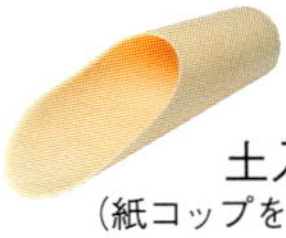

土入れ
（紙コップをななめに切ったもの）

トレイ

じょうろ

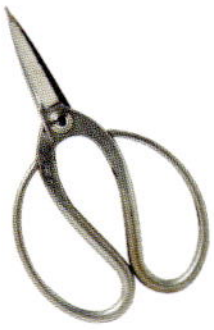

根切りばさみ
（花ばさみ）

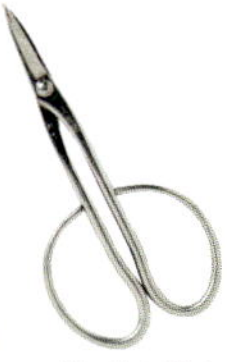

剪定ばさみ

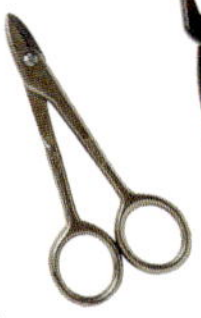

針金切りばさみ
（ペンチ）

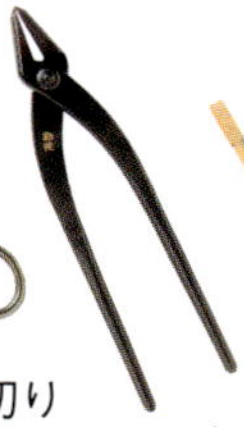

やっとこ
（ペンチ）

竹箸

※根留めをするときに針金をねじるのでやっとこを用意します。また、カッコ内の道具で代用可能です。

**準備**

鉢底網を固定した後、根留めの準備をします。38ページを参照しながら、鉢底網を鉢に固定し、根留めを鉢底から通します。

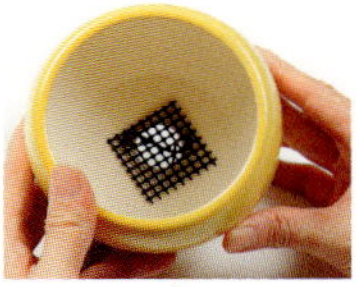

針金を曲げてピンをつくり、鉢底網に通し、鉢に固定します。

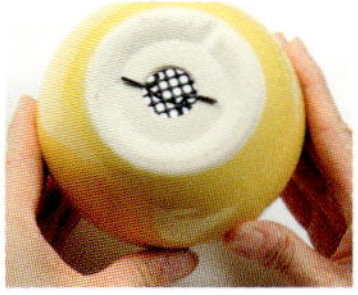

鉢を裏返して、ピンを折り曲げて固定し、余った針金の先を切ります。

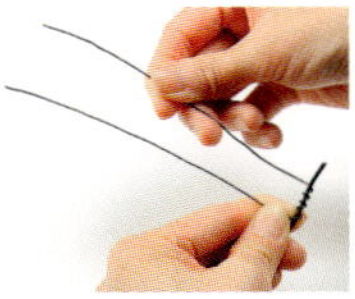

短い針金に長い針金を3～4回巻きつけます。

根留めを鉢の裏側から通して、鉢に添わせておきます

次ページにつづく

## 1 苗を剪定します

枝ものの場合、植える前に余分な葉や枝を切る作業をします。これを剪定といいます（剪定のくわしい方法は100ページ参照）。

まず、木の正面を決めます。

目安となる形は三角形です。

三角形からはみ出した部分を切っていきます。

輪郭を剪定した状態です。49ページの状態に比べ、形が整ったことがわかります。

交差している枝を切ります。

枝のつけ根から出た弱い枝を切ります。

三叉枝（同じ位置から左右に同じように出ている枝）のうち、ここでは右側の枝を切ります。

剪定が終わった状態。これくらいすっきりさせてから植えつけます。

植えつけ後も枝は伸びますが、盆栽としてこれからの形づくりのアウトラインを決め、剪定してから植えましょう。

## 2 根鉢をくずします

苗木をポットから出します。盆栽の場合、根についた土を落とし、根を切ってから植えつけます。こうすることで、小さい鉢の中でも新しい根が伸びていくことができます。

ポットの縁に竹箸をさします。

ポットから苗木を取り出します。

竹箸を使って根鉢をほぐしていきます。

古い土を落としていきます。

葉がついている時期の植えつけでは、根を3分の2くらいのところで切ります。

植えつけの準備が終わった状態。

**POINT**

**余分な土や長い根は盆栽では不要です**

新しい鉢の土に新しい根が張って、しっかり根づけるように根鉢はしっかりくずしましょう。もともと根についていた土は栄養分が少なくなっていますので、きちんと落としましょう。

## 3 鉢に土を入れます

土は鉢の深さの５分の１程度までゴロ土として、赤玉土の小粒を入れます。その後、赤玉土の極小粒を深さの３分の１程度まで入れます。

赤玉土の小粒を入れることで、水はけがよくなります。

赤玉土の極小粒を入れすぎると根が収まらないので注意します。

## 4 苗木を鉢に植えつけます

苗木の正面を意識し、鉢の正面と合わせて植えつけましょう。

苗木の正面を手前にした状態で植えつけるようにしましょう。

土入れで土を入れます。少しずつ入れていきます。

竹箸で用土をついて、根と根のすき間にしっかり土が入るようにします。

これを４～５回くり返します

鉢にすき間がないよう、縁にそって竹箸をさします。土がこぼれるくらい十分に入れます。

## 5 根留めをする

鉢の縁にかけておいた針金を起こし、やっとこでねじって固定します。

根留めして針金があまったら、針金切りで切ります。

## 6 水やりをする

はす口のついたじょうろでたっぷり水を与えます。鉢底から出てくる茶色い水が透明になるまでが目安です。

## 7 コケをはる

湿らせた用土にコケをはりつけます。コケは裏側の土を取り、薄くして小さくちぎりながらはっていきます。

用土が見えなくなるまで細かい部分もはっていきます。

**完成**

枝もの単品は剪定の練習用にも適していますので、ぜひつくってみましょう。

# 枝もの盆栽のいろいろ

丈夫で平地に向く植物を選べば、枝もののみを植えつける盆栽は初心者にもっともおすすめです。

## 春の枝もの盆栽 1

### 使用する植物

ハナモモ❶

### デザインのポイント

2月の終わりから3月のはじめに咲くハナモモは、おひなさまにそえて飾ってもよいなと思いつくりました。同じ鉢をふたつつくっても楽しいでしょう。

### 植えつける時期

3月または10月

### 手入れのポイント

病害虫に弱いところがあるので、日当たりと風通しのよいところで育て、月に1回程度、市販の消毒スプレーをかけましょう。

上から見ると
❶

おひなさまに添えたい
華やかな盆栽

## 春の枝もの盆栽 2

### 使用する植物

シダレザクラ❶

### デザインのポイント

シダレザクラを文人仕立て（17ページ参照）にしており、細い幹がしなるように垂れ下がっています。花後にそれぞれの枝を3分の1程度に短く剪定し、毎年同じような高さで花が楽しめるようにします。

### 植えつける時期

3月または10月

### 手入れのポイント

剪定は必須です。花後すぐと5月中に剪定します。秋以降は花芽を落としてしまうので剪定できません。また、しっかり日に当てることも大切です。

上から見ると
❶

文人形《ぶんじんがた》に仕立てられた
華奢な樹形を楽しむ

※52〜55ページの は144ページを参照してください。

## 夏の枝もの盆栽１

### 使用する植物
ミヤサマカエデ❶

### デザインのポイント
ミヤサマカエデは照りがあり、丸みを帯びた葉が特徴的。新緑の季節はもちろん、秋の紅葉、落葉後の枝ぶりまで1年中楽しめます。

### 植えつける時期
3月

### 手入れのポイント
剪定は必須で年に4～5回は行います。徒長しないよう注意し、大きさを保つことがポイントです。2～3年に1回は植え替えをしましょう。

上から見ると
❶

新緑から紅葉まで
長い期間、鑑賞できる

## 夏の枝もの盆栽２

### 使用する植物
ツタ❶

### デザインのポイント
ツタを中心にしてコケ玉をつくり、それをかごの中に入れてあります。コケ玉に覆いかぶさるような大きな葉がポイントです。

### 植えつける時期
3月

### 手入れのポイント
コケ玉はもちろん、ツタも葉が大きく水を多く必要とします。ボールに水を張り、そこに沈めて気泡が出てこなくなるまでを目安に、たっぷりコケ玉に水やりをしましょう。

上から見ると
❶

大きなふきの葉から
コロボックルが顔をのぞかせる……
そんなひと鉢

## 秋の枝もの盆栽 1

### 使用する植物

ビナンカヅラ❶

### デザインのポイント

二等辺三角形で半懸崖（鉢の縁よりも下に枝が下る樹形のこと）の樹形がポイントです。小さな盆栽ですが、幹の太さからもわかるように、この鉢で長年育てられている実もの盆栽です。

### 植えつける時期

3月

### 手入れのポイント

春と秋口に剪定を行い、樹形を保ちます。日当たりのよい場所に置き、春と秋に肥料を与えましょう。

上から見ると
❶

三角形に整った樹形がポイント
赤紫色の実が美しい

## 秋の枝もの盆栽 2

### 使用する植物

ベニシタン❶

### デザインのポイント

朱色の実が11月から12月下旬までつきます。白い鉢に植えることで、緑、赤、白とクリスマスカラーも意識してつくりました。5月に咲く白い花にも鉢色を合わせています。

### 植えつける時期

3月または10月

### 手入れのポイント

丈夫で初心者でも失敗なく育てられるので、はじめての実もの盆栽としておすすめです。春と秋に月1回肥料をやりましょう（梅雨の時期は除く）。

上から見ると
❶

花も実も楽しめるベニシタンは
初心者におすすめ

## 冬の枝もの盆栽 1

### 使用する植物
クロマツ❶

### デザインのポイント
男松と呼ばれるクロマツを、黒の丸鉢と文人形《ぶんじんがた》（17ページ参照）に仕上げることで、モダンな雰囲気の中にも渋さのある盆栽を楽しめます。

### 植えつける時期
3月

### 手入れのポイント
幹がやわらかい若いうちに針金成形します。また、6月に芽切り（その年の春、伸びた芽を元から切ること）をしないと、美しい形を保てないので、必須です。

上から見ると

❶

ひょろりと伸びる樹形が
モダンな雰囲気

## 冬の枝もの盆栽 2

### 使用する植物
トウジバイ❶

### デザインのポイント
トウジバイ（冬至梅）という名からもわかるように、早咲きのウメを清潔感のあるひと鉢に仕立てました。華やかな植物がない真冬に正月明けから咲くトウジバイは香りも高い花ものです。

### 植えつける時期
3月

### 手入れのポイント
花後に短く剪定します。5月下旬に二度目の剪定をします。秋以降に剪定するときは翌年の花芽をよく確認してからにしましょう。

上から見ると

❶

白い鉢に白いウメ
雪景色によく似合う

盆栽をつくってみよう
3

# 草ものと枝ものを組み合わせてつくる

草ものと枝ものを組み合わせてつくる盆栽は、枝だけのものとは違い、やわらかなイメージになります。まずは2種類の植物を組み合わせるつくり方なら初心者でも形になりやすいので、挑戦してみましょう！

## 秋のはじまりをイメージしたひと鉢。風に揺れる様が美しい

- **使用する植物**　コムラサキシキブ、ススキ
- **デザインのポイント**
  コムラサキシキブとススキは背丈があり、どちらも風にそよぐので、秋風が吹く野原をイメージしてつくりました。植物の重心を左に置き、枝を右に流すことで風になびく雰囲気にしています。
- **植えつけの時期**　3月または10月
- **手入れのポイント**
  コムラサキシキブもススキも冬枯れする植物なので、冬場は姿が激変します。枯れたと思って水やりをやめないよう注意しましょう。

上から見ると

# 用意するもの

## 苗

コムラサキシキブ（左）、ススキ（右）。コムラサキシキブは6月ころ、小さい薄紫の花が咲く。実が熟すのは9月の終わりから10月。

## 鉢

横幅約15センチ、深さ約10センチのだ円鉢。白地にグレーの模様がさりげなく入り、モダンな雰囲気の鉢です。

## 鉢底網と針金

鉢底穴よりひと回り大きい鉢底網、鉢底穴の直径の3倍の長さの針金（太さ1.5ミリ）、根留め用として鉢底穴の直径より少し長めの針金（太さ2ミリ）と、鉢に添わせて両端が10センチずつ余る長さの針金（太さ1.5ミリ）を用意。

## 土

赤玉土（小粒）※ゴロ土用

赤玉土（極小粒）2対鹿沼土1

枝ものだけでなく、草物も使っているので鹿沼土を全体の3分の1ほどブレンドします。

## コケ

ヤマゴケ。ヤマゴケは初心者でも扱いやすいコケです。市販のものを使います。

## 道具

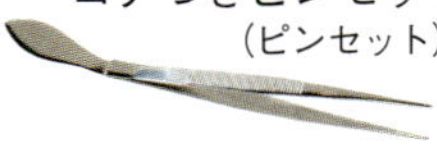

コテつきピンセット
（ピンセット）

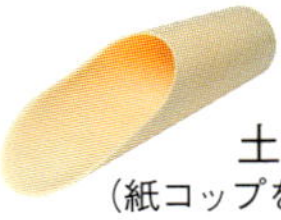

土入れ
（紙コップをななめに切ったもの）

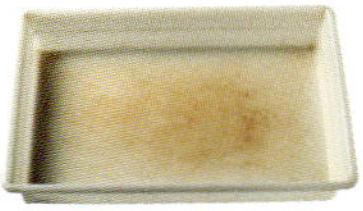

トレイ

じょうろ

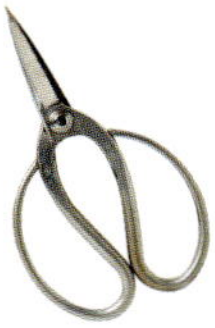

根切りばさみ
（花ばさみ）

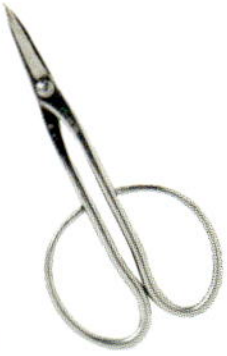

剪定ばさみ

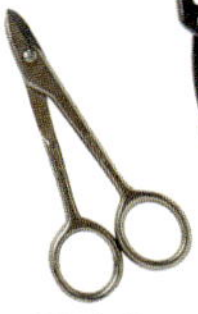

針金切りばさみ
（ペンチ）

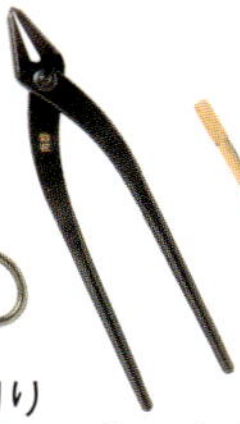

やっとこ
（ペンチ）

竹箸

※根留めをするときに針金をねじるのでやっとこを用意します。また、カッコ内の道具で代用可能です。

## 準備

鉢底網を固定した後、枝ものを植えるので根留めの準備をしておきます。

38ページを参照しながら、鉢底網を排水口に固定します。

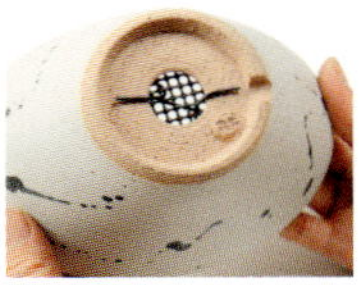

針金を曲げて固定します。余った針金の先は切ります。

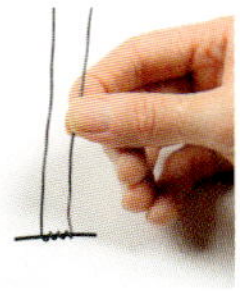

短い針金に長い針金を3～4回巻きつけます。

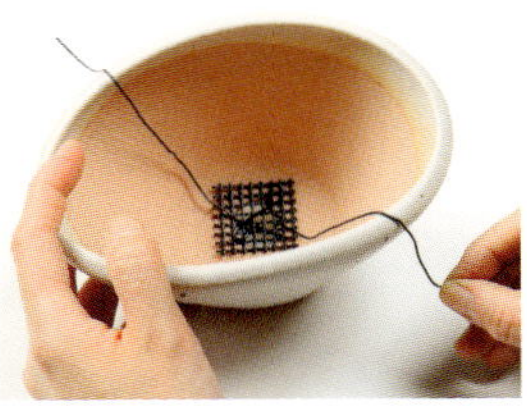

根留めを鉢の裏側から通して、鉢に添わせておきます

次ページにつづく

## 1 デザインイメージを考える

2種類以上の植物を合わせて植える場合、どのような配置で植えるかをあらかじめ考えます。デザイン画をつくるとよりわかりやすいでしょう。

**デザイン画**

コムラサキシキブを右に流すように植えつけます。

**植物配置図**

鉢の左寄りに植えることで右に流れる枝が生きるよう余白をとります。紫＝コムラサキシキブのこと。

**POINT**

**小さな鉢に植えるため株分けなどの工夫が必要**

盆栽の鉢は小さいので、そのまま植えつけようとすると、株が入らないことも。草ものを株分けするなど、小さな鉢に植える工夫をしましょう。

## 2 苗の準備をする

コムラサキシキブは枝ものなので、枝の流れを意識します。また、ススキはそのままでは鉢に入らないので、株分けをします。

コムラサキシキブをポットから取り出し、根鉢をくずし、根を半分くらいに切ります。

枯れ葉を切った後、ススキをポットから取り出し、根鉢をくずします。余分な土を取り除き、根を半分くらいに切ります。

手で株をふたつに分けます。

根切りばさみを使い、2分の1のところに切り込みを入れます。

株分けができた状態。厳密に半分ずつでなくても構いません。

## 3 手の中で花束状にしてから苗を鉢に入れる

手の中で花束状に苗を合わせて、鉢に入れてみます。盆栽の鉢は小さいので、入らなければ再び根をくずしたり、切りましょう。

植えつける苗。最初より半分ほどに根は小さくなっています。

根元の高さをそろえながら、株と株を合わせていきます。

**合わせてみて、大きければもう一度根鉢をくずします。**

合わせた状態で鉢に入れてみます。入らなかったり、はみ出すようならもう一度根鉢をくずし、根を小さくします。

植えつける前の状態。真ん中にコムラサキシキブ、左右に株分けしたススキを合わせました。

## 4 苗を鉢に植えつける

苗を鉢に植えつけるときは、できあがりをイメージしながら行うとよいでしょう。この場合は、秋風に揺れる植物というコンセプトを考えながら植えていきます。

赤玉土（小粒）を5分の1程度しいた後、苗を入れます。このとき正面が自分の側にくる形で植えます。

鉢の中で苗の向きを整えます。正面から見て枝の流れが美しく見えるように植えつけます。

赤玉土と鹿沼土を合わせたものを土入れを使って入れます。

鉢の縁を竹箸でさして、土が根と根のすき間にしっかり入るようにします。

これを4～5回くり返します

**POINT**

**土はたっぷり入れること！**

次ページにつづく

## 5 根留めをする

土を入れたらあらかじめ鉢に添わせておいた針金を起こして根留めをします。枝ものを植えつけるときは常に根留めが必要です。

鉢の縁にかけておいた針金を起こします。

針金を中央でクロスさせて2～3回手でねじります。

やっとこでさらに2～3回ねじって固定します。

ねじった針金の端を土に入れます。

コテつきピンセットで土を押さえます・

## 6 水やりをする

植えつけが終わったらたっぷり水を与えます。鉢底から出てくる水が茶色から透明になるまでが目安です。

この段階で水をしっかり与えないと、土の粉が流れきらず土がかたくなって、根詰まりの原因となることがあります。

## 7 コケをはる

湿らせた用土にコケをはりつけます。コケは裏側の土を取り、薄くして小さくちぎりながらはっていきます。

用土が見えなくなるまでていねいにはっていきます。

**完成**

秋風の野原のようなひと鉢ができあがりました!

# 草もの＋枝ものの盆栽のいろいろ

草ものと枝ものを組み合わせると、小さい鉢であってもちょっとした風景を感じさせてくれます。

## 春の草もの＋枝もの盆栽 1

### 使用する植物

シダレウメ❶、ユキヤナギ❷、ヒメリュウキンカ❸

### デザインのポイント

背丈の低いユキヤナギやヒメリュウキンカを足元に入れることで、ウメに大木感が出ます。下から見上げると、広がりのある風景を眺めることができます。

### 植えつける時期

3月

### 手入れのポイント

花が終わってすぐの3月と5月に剪定をします。思い切って剪定をすることで、毎年同じくらいの大きさで花を楽しむことができます。

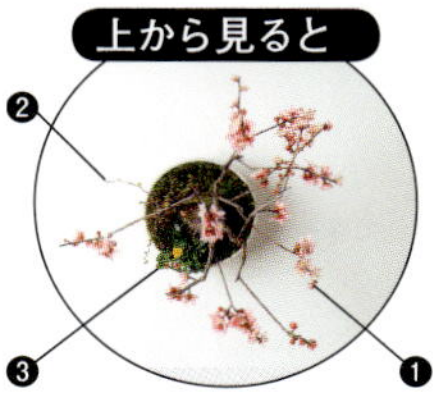

上から見ると
❷
❸
❶

枝ぶりのよいウメを野で
鑑賞するようなひと鉢


## 春の草もの＋枝もの盆栽 2

### 使用する植物

ケヤキ❶、セキショウ❷

### デザインのポイント

ケヤキの下にセキショウを下草として入れることで、大木感を出します。ケヤキは芽摘みと葉刈りで小枝を多く出させるのがポイントです。鉢はなるべく浅いものを使ったほうがケヤキが大きく見えます。

### 植えつける時期

3月

### 手入れのポイント

ケヤキをこんもりと茂らせるために、まめな芽摘みや剪定は必須です。葉刈りも必要で、小枝を出すようにすることで木に厚みが出ます。

上から見ると
❷
(下草)
❶

広い野原に立つ
ケヤキの大木




※61～63ページの は144ページを参照してください。

## 夏の草もの＋枝もの盆栽 1

### 使用する植物
クマヤナギ❶、ベニフウチソウ❷

### デザインのポイント
クマヤナギを右から左に流すことで、「風になびく木」を表現しています。生き生きとしたベニフウチソウの緑が、夏の山間を思わせます。

### 植えつける時期
3月

### 手入れのポイント
針金かけをすることで、クマヤナギを右から左になびかせます。針金かけを行う時期は5月が最適。8月には針金をはずします。

上から見ると
❶
❷

風になびくような
枝ぶりが
目に涼風を運ぶ


## 秋の草もの＋枝もの盆栽 1

### 使用する植物
ハゼ❶、タマリュウ❷

### デザインのポイント
種子から育てられたハゼは1本1本が細く、雑木林を表現するときにぴったりです。紅葉が盛りの秋の山の風景を表しています。

### 植えつける時期
3月

### 手入れのポイント
日当たりがよく風通しのよい屋外で管理します。夏によく日光に当てると紅葉が美しくなります。ちなみに、ハゼはかぶれる人がいるので、心配な場合は手袋をして作業しましょう。

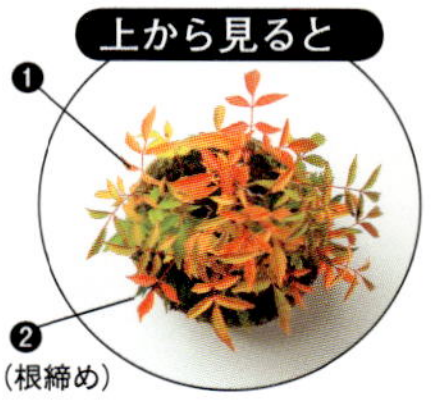

上から見ると
❶
❷
(根締め)

紅葉まっ盛りの
雑木林の中に
迷い込んだよう

## 秋の草もの＋枝もの盆栽２

### 使用する植物
ツルウメモドキ❶、セキショウ❷

黄色く色づく実と
枝ぶりのバランスが見事

### デザインのポイント
枝ぶりと実の両方が鑑賞できるひと鉢。黒い鉢色と黄色い実のコントラストもポイントです。花ものや実ものは、花・実の色と鉢の色との合わせ方で印象ががらりと変わります。

### 植えつける時期
3月

### 手入れのポイント
ツルウメモドキは丈夫で育てやすい枝ものですが、雄花と雌花がないと実をつけないので、管理に慣れてきた中級者向けです。

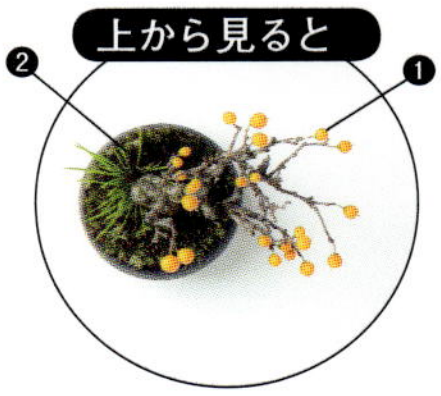
上から見ると
❷
❶

## 冬の草もの＋枝もの盆栽１

### 使用する植物
キンズ❶、コガネシダ❷

お正月の玄関に
春の光を呼ぶ

### デザインのポイント
あたたかみのある朱色の鉢にマメキンカンとも呼ばれるキンズ（柑橘系の木）を植えることで、寒々とした冬に彩りを添えます。お正月の玄関に飾りたいひと鉢です。

### 植えつける時期
4月

### 手入れのポイント
キンズはよく生長するので、5～9月は毎月徒長枝の剪定が必要です。剪定して、美しい樹形を保ちましょう。また、冬は防寒に注意します。

上から見ると
❷
❶

盆栽をつくってみよう
4

# 風景を表現した盆栽をつくる

盆栽は植物の姿を借りて、風景を見立てる遊びです。
ここでは風景をイメージした盆栽のつくり方を紹介します。

## 高原の雑木林のような風景を表現。浅鉢がポイントです

● **使用する植物**　ヒメシャラ、コガネシダ、ヒメタデ

● **デザインのポイント**
ヒメシャラの幹がとても細く、浅鉢に何本も植えつけることで雑木林のような雰囲気を出しています。足元に化粧砂で小道を見立てています。

● **植えつけの時期**　3月

● **手入れのポイント**
夏に葉やけしやすいので、夏場は遮光が大切です。日が当たりすぎない、半日陰に置くようにしましょう。

上から見ると

# 用意するもの

## 苗

ヒメシャラ（奥）、コガネシダ（手前左）、ヒメタデ（手前右）。細い幹のヒメシャラをたくさん植えることで林の雰囲気を出します。

## 鉢

1辺が約15センチの正方形の浅鉢。鉢を浅くすることで、より林らしくなります。

## 鉢底網と針金

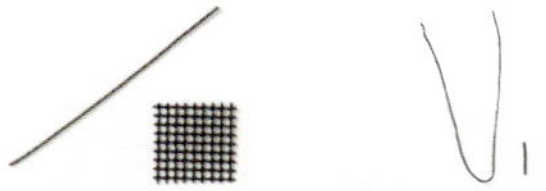

鉢底穴よりひと回り大きい鉢底網、鉢底穴の直径の3倍の長さの針金（太さ1.5ミリ）、根留め用として鉢底穴の直径より少し長めの針金（太さ2ミリ）と、鉢に添わせて両端が10センチずつ余る長さの針金（太さ1.5ミリ）を各2本用意。

## 土

赤玉土（小粒）
※ゴロ土用

赤玉土（極小粒）
2対鹿沼土1

富士砂
（化粧砂・黒）

化粧砂は水やりで流れたり乱れたりしたら、上から足して整えると、盆栽が美しくよみがえります。

## コケ

ヤマゴケ。ヤマゴケは初心者でも扱いやすいコケです。市販のものを使います。

## 道具

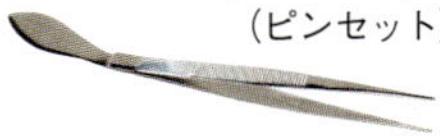

コテつきピンセット
（ピンセット）

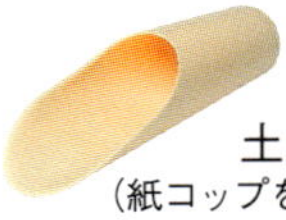

土入れ
（紙コップをななめに切ったもの）

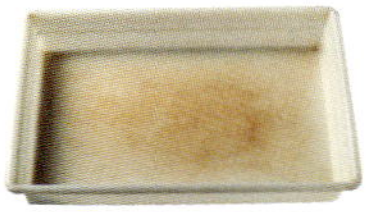

トレイ

じょうろ

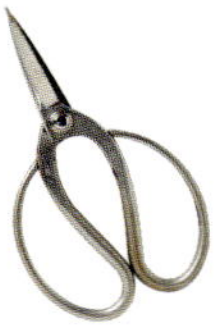

根切りばさみ
（花ばさみ）

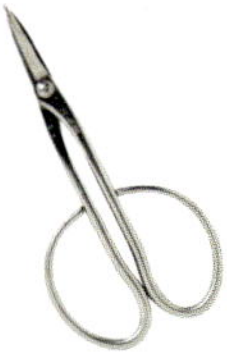

剪定ばさみ

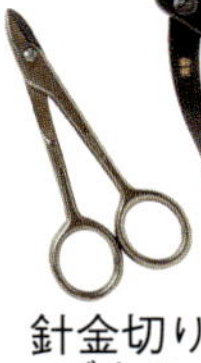

針金切りばさみ
（ペンチ）

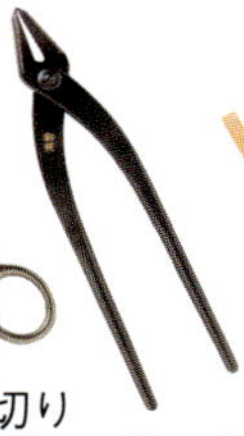

やっとこ
（ペンチ）

竹箸

※根留めをするときに針金をねじるのでやっとこを用意します。また、カッコ内の道具で代用可能です。

**準備**

鉢底網を固定した後、根留めの準備をします。この鉢は大きいので、根留めを十字に通します。こうすることで、株をしっかり固定できます。今回のように背の高い苗は根留めをしたほうが植えつけ後に弱らせることなく育てられます。

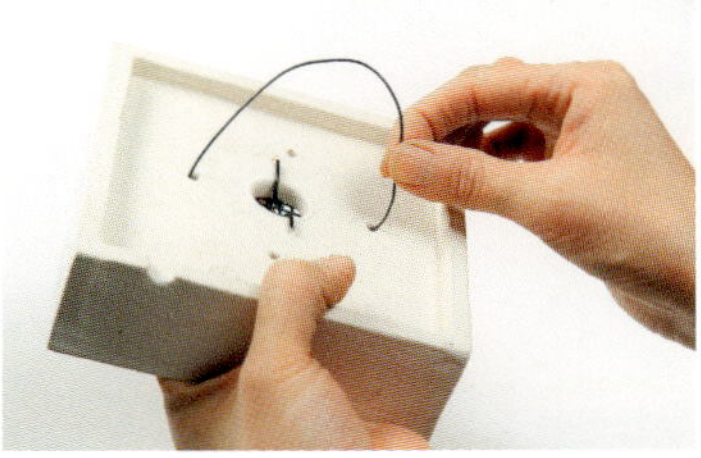

38ページを参照して鉢底網を鉢に固定した後、写真のように十字に根留めを鉢の裏側から通します。

写真のように十字に通した根留めを鉢に添わせます。

次ページにつづく

## 1 デザインイメージを考える

風景をイメージした盆栽の場合、どんなふうに植えるか、デザイン画をつくって考えるとよいでしょう。どんな風景にしたいか、枝をどちら側に流したいかなどを考えます。

**デザイン画**

ヒメシャラを5本植えつけることで林らしさを出します。

**植物配置図**

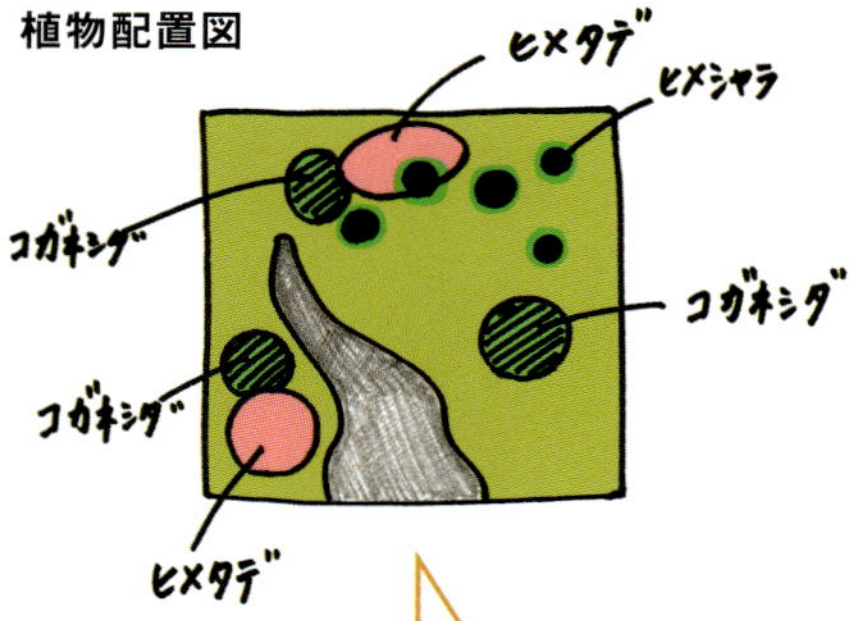
ヒメタデ
ヒメシャラ
コガネシダ
コガネシダ
コガネシダ
ヒメタデ

> **POINT**
>
> **草ものを株分けして下草として植えることで木を大きく見せます**
>
> この盆栽では枝ものを5本植えるので、その足元に植えつける草ものも株分けをします。下草により、林らしさが強調されます。また、浅い鉢には木を大きく見せるという利点もあります。

## 2 苗の準備をする

ヒメシャラはポットから取り出し、根鉢をくずして土を落とします。コガネシダとヒメタデはそのままでは株が大きいので、2つずつに株分けをします。

枯れ葉を切った後、ポットから取り出し、根鉢をくずします。余分な土を取り除き、根を半分くらいに切ります。

コガネシダをポットから出し、根鉢をくずした後、109ページを参考にふたつに株分けをします。

ヒメタデをポットから出し、根鉢をくずして長さの半分程度まで根を切ります。

109ページを参考に手で株をふたつに分けます。

## 3 配置を決めて鉢に入れる

風景を模した盆栽なので、苗の入れ方がイメージどおりになるよう、枝ものから入れていきます。

植えつける苗。ポットから出したときに比べ、かなり根は小さくなっています。

赤玉土（小粒）を薄くしいた後、ヒメシャラ5本の根を合わせながら、手の中で組んでいきます。

ヒメシャラの根元にコガネシダとヒメタデを入れます。

バランスを整えながらすべての苗を鉢に入れます。正面から見て形がイメージどおりになっているか、確認しましょう。

## 4 鉢に土を入れ植えつける

苗を鉢に入れたら、ヒメシャラの根元を押さえながら、土を入れていきます。竹箸を使い、根と根の間にしっかり土を入れることが大切です。

赤玉土と鹿沼土を合わせたものを土入れを使って少しずつ入れます。

鉢の縁を竹箸でさして、土が根と根のすき間にしっかり入るようにします。

これを4～5回くり返します

## 5 根留めをする

土を入れたらあらかじめ鉢に添わせておいた針金を起こして根留めをします。

鉢の縁にかけておいた針金を起こし、やっとこでねじって固定します。針金の端は土に入れます。

次ページにつづく

## 6 水やりをする

植えつけが終わったらたっぷり水を与えます。鉢底から出てくる水が茶色から透明になるまでが目安です。

たっぷり水やりをした後、軽く水が切れるまでそのままにしておきます。

## 7 コケをはる

水やりで湿った用土にコケをはります。コケは裏側の土を取り、薄くして小さくちぎりながらはっていきます。

コテつきピンセットで草ものをよけながら、用土が見えなくなるまでていねいにはります。

はり残しがないよう、鉢の端にもしっかりとコケをはるようにします。

**POINT**

### コケは小さくしすぎてもいけない

コケは2～3センチ角にしてはっていきますが、あまり小さくしすぎると葉が抜けやすくなり、根づきにくくなるので注意しましょう。

コケは裏の土を落とし、手でちぎります。

## 8 小道をつくり、化粧砂を敷き詰める

竹箸などを使って、小道となる溝をまずつくり、そこに化粧砂を入れます。化粧砂の色でかなり雰囲気が変わるので、イメージに合わせて選びましょう。

竹箸を使って土をよけながら溝をつくり、道をつくります。

土入れを使って化粧砂を入れます。少しずつ入れていきます。

竹箸で化粧砂を押さえて安定させます

完成

雑木林を表現した鉢ができあがりました!

# 風景を表現した盆栽のいろいろ

化粧砂を入れた小道をつくるなど、風景を表現した盆栽を紹介しましょう。

## 春の風景盆栽１

### 使用する植物

アカマツ❶、チョウジュバイ❷、班入りユキノシタ❸、セキショウ❹、コガネシダ❺

### デザインのポイント

めでたい雰囲気のあるアカマツとチョウジュバイを使用しており、お正月から春まで長期間飾れます。チョウジュバイは春を迎えると次々に花が咲きます。

### 植えつける時期

3月

### 手入れのポイント

アカマツの手入れが大切です。6月に行う芽切り（新芽を根元からしっかり切ること）で短く締まった葉を保つようにしましょう。

上から見ると
❶
❸
❹
❺
❷

「お正月のにぎやかな小山」を表す おめでたいひと鉢

## 春の風景盆栽２

### 使用する植物

ヒメシャラ❶、タイワンバイカカラマツ❷、イワユキノシタ❸

### デザインのポイント

細い枝ぶりのヒメシャラを後方に配し、手前に2種類の草ものを植えることで、高原の入り口のような雰囲気を出しています。

### 植えつける時期

3月

### 手入れのポイント

ヒメシャラが伸びてきたら剪定をします。5～6月は芽摘みと剪定で枝ぶりを整え、夏は葉焼けから守るため半日陰で育てましょう。

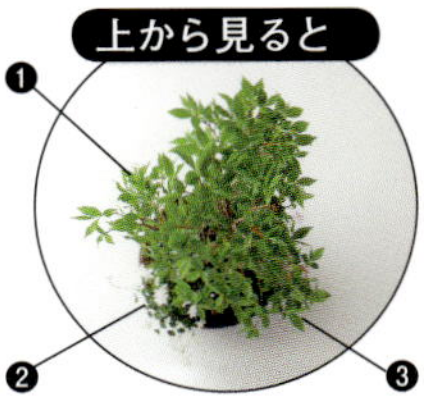
上から見ると
❶
❷
❸

「春の雑木林の入り口」を表現した かわいらしいひと鉢


※69～73ページの は144ページを参照してください。

## 夏の風景盆栽１

「海外の植物園で見た日本庭園」
そんな倒錯感が楽しい

### 使用する植物

ロッカクドウヤナギ❶、コウチョウギ❷、ギボウシ❸、コガネシダ❹、ミニバラ❺

### デザインのポイント

ヤナギなど和の植物とミニバラなど洋の植物を組み合わせることで、海外で見る日本庭園のような雰囲気を出しています。初夏のロックガーデンのような感じもあり、異国なのか日本なのかわからない、倒錯感を楽しむ風景になっています。

### 植えつける時期

3月

### 手入れのポイント

ロッカクドウヤナギが放射線状にしだれるよう、針金かけをします。針金かけをするのは5月ごろ、はずすのは6月ごろです。また、ヤナギは水をとても好み、唯一受け皿に水をためても根腐されしない植物なので、水やり対策のひとつにしてみましょう。

### ロックガーデンとは？

岩や石などの組み上げ、自然の岩山のようにつくった花壇のこと。植物は石や岩の間に配します。自然な風情が魅力です。

上から見ると
❶
❷
❸
❹
❺

## 夏の風景盆栽 2

化粧砂で小川を表現
「夏の水辺の風景」がここに

### 使用する植物

トクサ❶、ベニチガヤ❷、クジャクシダ❸、シラサギカヤツリスゲ❹、イタドリ❺

### デザインのポイント

真ん中に入る黒の化粧砂は小川を表現しています。さまざまな色合いの緑を組み合わせ、夏の水辺の風景を模しています。鉢が横に長いため、丈の長いトクサでバランスをとっています。

### 植えつける時期

3月

### 手入れのポイント

イタドリは大きくなる植物なので、高く伸びないよう、伸びてきたら剪定します。シラサギカヤツリスゲは日光に当てて管理すれば、10月くらいまで花をつけます。

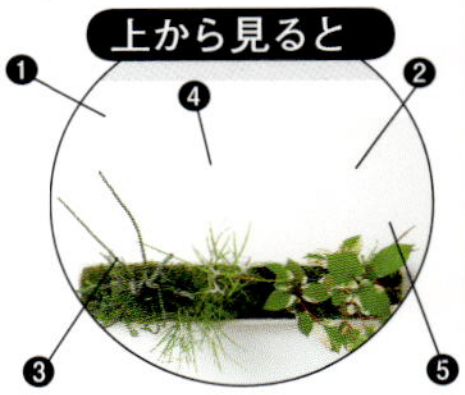
上から見ると
❶
❹
❷
❸
❺

## 夏の風景盆栽 3

「真夏の木陰」を表現した
ほっとひと息つけるひと鉢

### 使用する植物

キヨヒメモミジ❶、タイワンバイカカラマツ❷

### デザインのポイント

キヨヒメモミジが鉢の中に木陰をつくるようなデザインになっています。白の化粧砂の道がちょうど陰になり、木陰でひと休みするような、そんなイメージです。

### 植えつける時期

3月

### 手入れのポイント

キヨヒメモミジは入手しやすい枝ものです。育てるのも難しくはありませんが、葉焼けしやすいので、夏は半日陰で育てましょう。

上から見ると
❶
❷

## 秋の風景盆栽 1

### 使用する植物

ヤマコウバシ❶、ハクリュウ❷、
ハコネギク❸、コガネシダ❹

### デザインのポイント

冬のはじまりを思わせる、晩秋の風景を表現したひと鉢です。全体をオレンジ、黄色、こげ茶色でまとめ、木枯らしの季節を感じさせるような雰囲気にしました。

### 植えつける時期

3月

### 手入れのポイント

ヤマコウバシは秋にしっかり日に当てると紅葉が鮮やかになります。また、春に枝が伸びてきたら、外側の輪郭を意識しながら剪定しましょう。

## 秋の風景盆栽 2

### 使用する植物

チョウジュバイ❶、セキショウ❷、
コガネシダ❸

### デザインのポイント

白い化粧砂は雪または雪解けの水を模しています。四季咲きのチョウジュバイにはおめでたい雰囲気もあり、年末から年明け、3月くらいまで飾れる息の長い盆栽です。

### 植えつける時期

3月または10月

### 手入れのポイント

チョウジュバイは肥料さえ与えれば、初心者でも比較的簡単に花を咲かせることができます。また、春以外に、夏も伸びるので徒長した枝は剪定しましょう。

## 冬の風景盆栽１

### 使用する植物

ヒノキ❶、セッカヒノキ❷、キンシナンテン❸、コガネシダ❹、斑入りユキノシタ❺

サンタクロースが住むような
「針葉樹の森の入口」を表現

### デザインのポイント

ヒノキを配して日の当たる針葉樹林の入り口のような風景をつくっています。クリスマスにぴったりのひと鉢です。

### 植えつける時期

3月または10月

### 手入れのポイント

クリスマスツリーのような樹形がポイントなので、ヒノキ類は春に芽摘み（春に伸びた新芽の先を摘むこと）と剪定をして二等辺三角形の樹形を保つようにします。

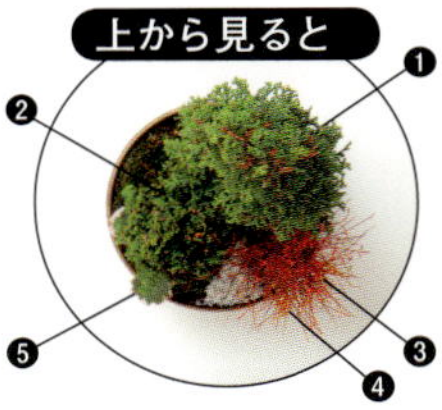
上から見ると
❶
❷
❸
❹
❺

## 冬の風景盆栽２

### 使用する植物

ゴヨウマツ❶、コガネシダ❷

「厳しい冬の海沿いの一風景」を表現
マツの姿に勇気づけられる

### デザインのポイント

通常海沿いのマツといえばクロマツですが、鉢が小さいので、あえて葉の小さいゴヨウマツを使い、断崖絶壁に生き、冷たい海風に負けないマツを表現しました。

### 植えつける時期

3月

### 手入れのポイント

ゴヨウマツは水やりしすぎると根腐れするので、乾いていることを確認してから水やりするようにします。また、日によく当てることも重要です。

上から見ると
❶
❷

# 夏の盆栽

真夏の暑さをやわらげ、涼しさをもたらす

## 盆栽でつくられた緑の木陰

照り返すような夏の暑さに疲れたとき、ほっとさせてくれる、緑の木陰を演出したひと鉢。
●穂先ナナカマド、チャセンシダ、コクリュウ

厳かなマツを
石付きで愛でる

シンプルな
コケ玉で
涼をとる

風にそよぐ
草むらを閉じ込めたひと鉢

【右上】

植物を植えないシンプルなコケ玉ですが、ガラス玉と一緒に飾ることで、清涼感が出ます。真夏のインテリアに。

◉ヤマゴケ（ホソバオキナゴケ）

【左上】

石付きのゴヨウマツは、海沿いのマツを見立てて。暑い夏にも負けない、力強さを感じさせてくれます。

◉ゴヨウマツ

【右】

細く長い葉が特徴のショタイソウは、自由気ままに風になびく、涼し気な姿が魅力です。草むらで風に吹かれているような気分にしてくれます。

◉ショタイソウ

# 夕涼みに優雅に揺れる

夏から初秋にかけて、軒先に飾っておきたいコケ玉盆栽。夕暮れどきの風になびき、日中の暑さを忘れさせてくれます。

◉リュウセンモミジ

坪庭のようなやすらぎ
水にぬれた砂利が涼しげ

# 夏の盆栽

坪庭のイメージでつくった組み鉢の盆栽。背の高い鉢と小さい鉢のコンビネーションが楽しい。水を打った玉砂利の上に置くことで、趣が増します。

◉大／クジャクシダ、コガネシダ　小／クマザサ、コガネシダ

# 葉の鋭さに夏の勢いを思う

葉の先が赤くなるベニチガヤや、背の高いトクサなど、さまざまな形の葉が楽しめます。夏ならではの勢いが感じられます。

◉ベニチガヤ、トクサ、ヒメシャガ、ヒメギボウシ、ヒメウツギ

# 夏の盆栽

葉姿から涼を得る
コケとシダのコラボ

## 夏バテを感じたら
## 真っ赤な実から元気をもらう

【右上】

涼しげな葉姿のシダと、ツメクサの草玉のコラボレーション。納涼のワンシーン。

◉上／ハクリュウ、ハコネシダ、コガネシダ　下／ツメクサ

【左下】

鮮やかな緑に、クマヤナギの真っ赤な実が映えるひと鉢。黒の化粧砂とのコントラストも夏らしい。

◉クマヤナギ、イワデンダ

# 夏の盆栽

水鉢の中にセイヨウシノブのコケ玉を浮かべて、納涼を表現しました。５枚ひと組の葉が印象的なアメリカツタをあしらって、より涼し気に。

◉上／アメリカツタ、ヘビイチゴ、セキショウ　下／セイヨウシノブ

第3章

# 盆栽の日常管理と手入れ

# 盆栽の日常管理と手入れの基本

## 「日常管理」と「手入れ」をきちんとすることで末永く楽しむ

植物にとって一番大切なのは光と水です。植物は、太陽の光、空気中の二酸化炭素、根から吸い上げた水や養分を使って、生きるためのエネルギーをつくり出します。水やりを忘れたり、何日も家の中に置いておいたりするのは、私たち人間が食事をとれないのと同じです。

なかでも小さい鉢で育てる盆栽は、ストレスがかかりやすいので、なるべくマイルドな環境にしなければなりません。いくら水やりが大切とはいえ、季節によって必要量は違います。日光が強すぎて、日よけが必要なこともあります。盆栽のようすを眺めながら、季節ごとの「日常管理」を工夫することで、弱らさずに済みます。

盆栽ならではの「手入れ」もあります。美しい形を保つためには剪定や針金成形、芽摘みなどが必要ですし、小さい鉢で育てるためには、植え替えや草もののの株分けが必要です。

日々の「管理」はもちろん、こうした「手入れ」をこまめにすることで、盆栽を末永く楽しむことができるのです。

## 盆栽　管理＆手入れカレンダー

| | どんな時期？ | 手入れ | 管理 |
|---|---|---|---|
| 1月<br>2月 | 冬は植物の休眠期ですが、葉がなく冬枯れしていても水やりを忘れてはいけません。また、暖かいからと暖房がきいた室内に置いてはダメ。基本は屋外で管理します。 | 2～3日に1回水やり<br>寒さ対策をする | 松柏類、雑木類、花もの、実ものの針金かけ |
| 3月 | 芽吹きの季節です。剪定や植え替え、植えつけなどにもっとも適しています。 | | 剪定、植え替え、植えつけ |
| 4月<br>5月 | 芽摘みや剪定はこの時期に行います。水やりは土のようすを見つつ、乾きが早いようなら回数を増やしましょう。1年中でもっとも植物が生長するときです。 | 1日に1～2回水やり<br>置き肥 | 雑木類の芽摘み<br>実ものの針金かけ<br>雑木類の葉刈り<br>雑木類の剪定 |
| 6月 | 梅雨は高温多湿ゆえに、病害虫が発生しやすい時期です。予防対策をしっかりしましょう。 | 1日に2～3回水やり | 雑木類の針金をはずす |
| 7月<br>8月 | 夏は水やりが何より重要です。1日に2～3回は水やりをします。多すぎるかなと思うくらいあげてもかまいません。日ざしが強すぎるときは遮光を考えましょう。 | 遮光など暑さ対策をする<br>水切れに注意 | 花もの、実ものの針金をはずす<br>松柏類の針金をはずす |
| 9月 | 前半は残暑対策として夏場と同様にしっかり水やりをします。後半は秋の肥料やりの時期です。 | | |
| 10月 | 秋の肥料やりの時期で、冬越しの体力を蓄えさせます。色づきはじめた実が鳥に食べられないよう注意。 | 1日に2回水やり<br>置き肥 | 植え替え、植えつけ |
| 11月<br>12月 | 紅葉や実が終わったら剪定をします。昼は日当たりのよい場所に置き、夜は軒下などに取り込みます。土の状態を見つつ、乾いたら午前中に水やりをしましょう。 | 2～3日に1回水やり<br>寒さ対策をする | 実もの、葉ものの剪定 |

日常管理1

# 置く場所

盆栽は暑さ、寒さ、強風などに弱いので、それらをなるべく避け、過ごしやすい環境をつくってあげるようにしましょう。

**Point**

1. 屋外の明るい日なたに置く
2. 地面に直接置かず、高さを出す
3. 風の弱い場所に置く

## 屋内に飾るのは連続で3日まで。基本は屋外に

盆栽は日当たりがよい屋外に置くのが基本です。また、コンクリートや地面に直置きすると、夏は照り返し、冬は底冷えが鉢や根にすぐ伝わり、ダメージになります。木製の台や板の上に置くようにしましょう。

複数の盆栽を並べて置く場合は、葉と葉がふれないようにします。

かわいらしい盆栽ができると、屋内に飾って楽しみたいという人も多いかもしれません。でも、屋内は日当たりや風通しが弱く、盆栽が弱ります。屋内に3日置いたら、次の1週間は屋外に置くというように、入れっぱなしにしないよう注意しましょう。

**風通し**

風が当たらない場所であってもじめじめしてなければ盆栽を置いても大丈夫です。どんなに日当たりがよくても、マンションの高層階など、強風が当たる場所に置くと倒れてしまうことも。とくに、植えつけ後すぐは注意しましょう。

### 過ごしやすい環境をつくってあげること

小さい鉢で育てる盆栽は環境の変化を受けやすいもの。夏はよしずなどで遮光する、冬は軒下などに移動させるというように、季節に応じて置き場所も工夫します。

強い風に当たるのもよくないので、ついたてなどで風よけをします。とはいえ、風の当たらないじめじめした場所も、病害虫が発生しやすくよい環境とはいえません。

暑すぎず寒すぎず、風が強すぎず弱すぎず、まさにマイルドな環境が重要なのです。

## 基本の置き場所

**離して置く**
並べて置くときに、葉と葉がふれ合うくらい近くに置くと風通しが悪くなり、結果病害虫の原因となりますので、葉がふれない程度の距離に置きましょう。

**高いところに**
地面に直接置くのはNGです。木の台の上や板の上など、かならず地面より高いところに置きます。

**日差し**
基本は日の当たるところに置きます。日陰しかない場合は、日陰で育つ植物を選びましょう。直射日光は何より必要です。

**屋外**
屋内で育てると枝葉が間伸びしたり、光合成などがうまくいかなかったりと植物にとって望ましい環境ではありません。盆栽は屋外に置くのが基本です。

## こんな場所に置いてはダメ

### 地面に直接はダメ

地面の上に直接置くと、雨水や泥水がはね上がって病気になったり、アリやナメクジなどの害虫がつきやすくなりますので避けましょう。

### コンクリートや石に直接はダメ

コンクリートや石に直接置くと、夏の照り返しや冬の底冷えが直接鉢や根に伝わり、植物が弱るので避けましょう。

**Q 豆盆栽はどこに置けばよいですか?**

**A 冬場は軒下などに、夏場は半日陰に**

とても鉢が小さい豆盆栽は通常の盆栽以上に環境の変化に弱いものです。冬場の夜間に出しっぱなしにしておくと、枯れてしまうことも。夜間は発泡スチロールの箱などにしまうようにするとよいでしょう。

夏場もあまりに日光が強すぎるなら屋外の、半日陰に移動させるなど、状況に応じて、置き場所を変えてください。

夏場は水やりも要注意です。

日常管理2

# 水やり

**盆栽を管理する上で、もっとも重要なのが水やりです。とくに夏場に水切れしないよう十分注意しましょう。**

## Point

1. 夏は朝夕２回たっぷりと水やりをする
2. 冬枯れで葉のない時期でも水やりはやめない
3. 花や実にかかるように水やりしてはいけない
4. 受け皿に水をためてはいけない

### 水は根元にあげ、鉢底から出るくらいたっぷりと

基本は鉢底から水が出るくらいまでたっぷりとです。表面がぬれたくらいでは足りません。また、水は葉の上からかけず、根元に与えるようにします。ひと晩汲み置けば水道水の塩素が抜け、盆栽にもよりやさしい水になります。

水やりするときのじょうろは、はす口がついたものにします。はす口がついていないと、水が勢いよく出すぎて、表面の土が流れてしまったり、茎や枝が傷んだりします。はす口のついたじょうろで、やわらかい水流であげましょう。

水でぬらしたタオルをしぼり、鉢土ごとくるみ、ビニール袋に入れて口を結ぶ。
日陰なら2-3日はもつ


#### 夏の水切れに十分注意を

夏は水切れに十分注意します。水をやりすぎると根腐れが起きるとよくいいますが、初心者の場合、水やりが足らなくて枯らしてしまうのがほとんどです。朝夕2回たっぷり水やりをしましょう。雑木類は夏の夕方に、葉水（シャワーのようにたっぷり水を上からかける）をし、葉の温度を下げます。

ちなみに、仕事があったり、旅行にでかけたりと、夏に家を留守にすることも多いと思います。3日くらい留守にするなら、ぬれたタオルで盆栽の鉢をつつみ、さらにビニール袋をかぶせて日陰に置いておけば大丈夫です。小さい盆栽は二重鉢（87ページ参照）にすると、夏の水切れを予防できます。

**季節による目安**

夏は朝夕2回、晴れていれば昼にもう1回、春と秋は1日1回、冬は2～3日に1回あげましょう。

**天候による変化を**

晴れた日は曇った日の6～8倍、水が必要といわれています。春や秋も、晴れた日は1日2回水やりをしましょう。

※はす口：小さな穴がたくさんあいた注ぎ口のこと。

## 水やりの基本

### はす口のついたじょうろで根元に

水は根元にかけます。はす口のついたじょうろを使い、やわらかい水流で与えるようにしましょう。また、水は水道水でもかまいませんが、できればひと晩汲み置いた水を使いましょう。

### 季節により回数を変える

鉢の状態と天候の変化に気を配りつつ、季節により水やりの回数を変えます（目安は 86 ページ参照）。また、水を好む植物もあれば、乾燥に強い植物もあるので植物の種類によっても水のやり方は変えましょう。

### たっぷりと与える

土がちょっとぬれたくらいでは水が足りません。鉢底から水が出るくらい、たっぷり与えましょう。

### 花や実にかけてはダメ

花や実に水がかかるとダメになります。開花しているときは、花や実に水がかからないよう、注意します。

### コケ玉の水やりは？

コケ玉は十分な水やりが必要です。バケツなどに水をためて、ブクブクと泡が出てこなくなるまで水をあげましょう。

### 受け皿に水をためてはダメ

受け皿に水がたまったままの状態にしておくと、根腐れの原因になります。受け皿の水は捨てましょう。

豆盆栽の水やり

### 二重鉢で水切れを予防

より大きな鉢に土を敷き詰め、そこに小さい鉢を埋めます。外側の鉢ごと水やりをすれば、保水力が上がり、水切れを防ぐことができます。

# 肥料

盆栽の肥料はゆっくりじんわり効く、固形の有機肥料がおすすめです。肥料は春と秋に月1回ずつがだいたいの目安です。

## Point

1. 固形の有機肥料を春と秋に月１回与える
2. 元肥は盆栽では与えない
3. 花が咲く前などに液肥を与えてもよい

## 有機物配合の固形肥料を置き肥する

小さい鉢で育てる盆栽は用土の量も少なく、栄養分が不足しがちなため、肥料が必要です。おすすめは、骨粉《こっぷん》、魚粉《ぎょふん》、米ぬかなどの有機物を配合した固形の油かすです。

肥料ケースに入れて土に差しておけば、水やりのたびに少しずつ養分が土に溶け出します。これが、土の中で微生物に分解され、根から吸収される形でじっくり効いていきます。化成肥料の置き肥は、用土が少ない盆栽では根に負担がかかる場合があるのであまりおすすめできません。

肥料は生長期の春と、冬に向けて力を蓄える必要のある秋に、月1回ずつ与えます。

1カ月くらいすると、形は残っていても養分はなくなっているので、取り替えましょう。

### 花ものの開花期には液肥を与える

花ものの開花期など、すぐに栄養分を補いたいというときは即効性がある液体肥料が便利です。規定どおりに液体肥料を水で薄め、週に1回水やりがわりに与えるとよいでしょう。

ちなみに、肥料は元気がないからといっていつあげてもよいものではありません。梅雨どきや真夏、冬は肥料を与えることで、かえって負担がかかることがあるので、注意しましょう。また、盆栽では根を傷めることがあるので、元肥は与えません。

**肥料をあげる時期**

春は4月下旬から6月上旬（梅雨入りするまで）、秋は9月下旬から11月上旬。どちらも月1回ずつ与えます。

**肥料ケース**

肥料を専用のケースにいれて鉢の縁にさすようにすると、水やりで流れず、野鳥に食べられる心配がありません。

## 肥料の与え方

専用のケースに肥料を入れます。ドームの部分に肥料を入れます。

肥料を与える部分のコケをはがします。肥料にあたるとコケが傷みます。

専用のケースごと、土にさします。株の根元から一番遠い縁に置くこと。

### 肥料の置き方の基本

**対角線上**

肥料は鉢の対角線上に2カ所を目安に置くようにます。

**鉢のふちに！**

肥料分を吸いやすい新しい根は根元よりも鉢の縁近くにあるので、肥料はなるべく鉢の縁に置くようにします。

### 固形肥料の置き肥が基本です

バイオゴールド オリジナル

親指の爪くらいの大きさの固形肥料です。

900 g／バイオゴールド

### こんな肥料もおすすめ

**ハイポネックス ハイグレード**

花を多く咲かせたいときに、水で薄めて使用します。

180ml／ハイポネックス

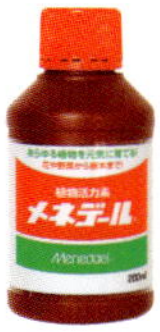


**メネデール**

木が弱ったときや、植え替え、株分け時に使用します。

200ml／メネデール

**バイオゴールド バイタルデラックス**

スプレータイプでそのまま使える天然活性液。

500ml／バイオゴールド

**Q 元肥は必要ですか?**

**A 盆栽では基本的に元肥は必要ありません**

用土の量が少ない盆栽で、植え込み時に肥料を混ぜ込む（これを元肥といいます）と、肥料が根にあたり、植物が傷んでしまうことがあります。そのため、盆栽では元肥は使用しません。

# コケ

**盆栽で用土の表面にはるコケは美観のためだけではありません。コケは用土の乾燥や流出を防いでくれます。**

Point

1. コケは用土の乾燥や流出を防いでくれる
2. コケはすき間なくはると美しい
3. コケは化粧と考え、変色したらはり替える

## 鮮やかなグリーンを保つために必要なこと

盆栽の仕上げにコケをはる理由はやはり演出的な側面が大きいでしょう。コケをはるだけで、盆栽が長くその場所に植わっていたような風情が出ますし、癒し効果もぐんと増します。

とはいえ、コケは趣のためだけではなく、以下のような機能的な役割もあります。

・**用土の乾燥を防ぐ**
コケをはることで用土が空気にふれなくなり、乾燥しにくくなる

・**用土の流出を防ぐ**
水やりのときなどに、用土が流れ出てしまうのを防いでくれる

**コケの保存**
使い切れなかったコケは、土がついたまま、新聞紙に並べて半日陰に置きます。乾燥させた状態にしておけば、1カ月くらいもちます。

**ゼニゴケ**
庭先によく生えているゼニゴケは土の通気性を遮断するので、盆栽には向きません。

### 化粧と考えこまめにはり替えを

コケはいつでもきれいな緑色に保ちたいものです。でも、暑さや蒸れにより、簡単に変色したり、枯れたりします。水やりをしっかりし、真夏の日中は日陰に移動させるなど、工夫しましょう。

とはいえ、コケはどうしても傷むので、化粧と考え、茶色くなったり、色が薄くなってきたりしたら、はり替えをします。冬から春のよく出回る時期がよいでしょう。

## 本書で扱っているコケの種類

### ヤマゴケ

盆栽の定番。よく使われる

園芸店でよく出回っているコケ。山地の乾燥気味の場所にも多く、スギの根元などにも生えています。細く尖った葉が密集しており、乾燥すると表面が白くなります。半日陰を好みます。

### ハイゴケ

はりやすくコケ玉に使用される

バラバラになりにくく、はりやすいことからコケ玉盆栽によく使用されます。10センチくらいの長さの葉が地面に這うようにして伸びます。岩場などに自生するコケとして知られています。

### スナゴケ

日なたに向く丈夫なコケ

古くから庭園にも使われており、日光や風通しを好むコケです。よく見ると星形で、まるで星の砂をまいたような姿です。スナゴケが育つと葉が伸びてふんわりと苔むした風情になります。

果物ネットで包む（※）

植えつけ直後はコケを果物ネットで覆っておきます。こうすると、土とコケが密着しますし、水やりの水がネットについて空中湿度が補われ、コケ枯れが防げます。

土と密着させる

コケは乾燥と湿りをくり返すことに弱いので、できる限り湿った状態を保ちたいもの。そのためには土とよく密着させるよう、水やりのときなどに押さえておくとよいでしょう。

## コケ枯れを防止するには？

コケをきれいな緑色に保つ一番のポイントは水切れを防ぐことです。コケが土から離れて浮いていると乾燥して傷むので、水やりの際、土から浮いたらこまめに押さえて土と密着させましょう。また、鉢ごと果物ネットなどにつつんでおくと、土とコケが密着し、空中湿度も補えてコケ枯れを防いでくれます。

## コケをはり替えるコツ

コケは上から押しても傷まないので、軽く押しながらはります。また、コケの縁の部分は、ピンセットの先端を使って用土に差し込むようにはるのがコツです。

コケは軽く押さえるとはがれにくくなります。パズルのように、土の表面が見えなくなるようはりましょう。

コケは裏側の土をある程度落とし、はる場所に合わせて、小さくしてから（目安は2〜3センチ角）はります。

※草ものなど、果物ネットで覆うことで植物を傷める場合にはこの方法はしないほうがよいでしょう。

# 四季の管理

四季に応じて盆栽は管理方法を変える必要があります。とくに夏の暑さ対策と冬の寒さ対策が重要です。

**Point**

1. 夏の暑さ、冬の寒さに十分注意する
2. 四季折々水やりの回数を変える
3. 暑さ対策、寒さ対策で室内に入れるのは間違い

## サイクルに合わせて四季の管理を考える

植物にはサイクルがあり、四季の管理はそれを踏まえる必要があります。

生長期を迎える春は、日当たりのよい場所に置き、肥料とたっぷり水を与えます。

真夏は植物も弱るので、午後の強い西日が当たるようならよしずなどで日除けをし、水切れを起こさないよう1日に2~3回水やりをします。

秋に紅葉する盆栽は、秋前にしっかり日光を当てると色づきがよくなります。実ものも同じです。また、秋は冬越しの準備をする時期でもあるので、肥料を与えます。

休眠期である冬は、土が乾いたら水やりをしながら、寒風や霜が避けられる場所に置きます。

このように、四季折々、気候や植物と対話しながら管理方法を変えていきましょう。

冬場は、盆栽を軒下に移動させ、寒風や霜から守ります。

### 気候に注意

最近は9月の終わりになっても暑いことがよくあります。秋とはいえ、30度を超えるような日は夏と同じように水やりをしましょう。

### 暑さ寒さを避けてマイルドな環境に

四季の管理で気をつけたいのはやはり夏と冬です。

最高気温が35度を超えるような真夏日には、葉が焼けてしまうので、日除けをして午後の強い西日から植物を守ります。また、梅雨時など土の表面がぬれていても、中まで水が行き渡ってないことがあるので注意します。

また、冬は寒さ対策が肝心です。冬はできるだけ、日当たりのよい南側の軒下などに置き、寒風と霜から守ります。

## 盆栽で注意が必要なのは夏と冬

### 置き場所

盆栽は地植えではないので、動かすことが可能です。気候に応じて置き場所を変えていきましょう。

**夏**

夏は、気候の高い午後は日陰になるところで管理します。西日しか当たらない場所なら、よしずやすだれで遮光するとよいでしょう。

**冬**

カラーボックスなどに盆栽を置き、日中は日に当て、夜間はビニールをかけて簡易のビニールハウスをつくります。

### 水やり

夏と冬では水やりの仕方は大きく違います。水切れしないよう、十分、注意しましょう。

**夏**

夕方水やりをするときに、シャワーのように葉にも水をかけます。葉の表面の水不足を解消するほか、葉の温度を下げる効果があります。

**冬**

夕方水やりをすると、その後気温が下がって凍ってしまうことがあります。冬場の水やりはかならず午前中にしましょう。

### こんな間違いをしていませんか？

**夏**

#### 午前中に水やりするときに葉にも水をかける

葉水は基本的には夏の夕方に行うものです。午前中に葉に水をかけると、水滴に日が反射し、葉焼けの元になることがあります。

#### 暑いからクーラーの効いた室内へ移動させる

いくら暑いからといって、クーラーが効いた室内では、日光も当たらず間伸びしてしまいます。結果として葉も薄くなり日光に弱い植物になってしまいますので、屋内に入れるのは間違いです。

**冬**

#### 寒いから暖かい室内へ移動させる

寒さ対策で暖房の効いた部屋に入れてはダメ。乾燥しているし、温度も高く、木の生理がくずれます。やむを得ず室内に入れるなら、暖房の効いていない玄関などへ置きます。

#### 葉が落ちてしまったら水やりしなくてもよい

落葉樹で葉が落ちたら水やりしなくてもよいというのは間違い。3～4日に1回は水やりをしましょう。また、冬枯れしている盆栽は12～2月は木陰などの日陰に置いても大丈夫です。

日常管理6

# 病害虫

病害虫は日当たりが悪かったり、風通しが悪い環境だったりすると発生しやすくなります。きちんと対策しましょう。

**Point**

1. 日陰や風通しの悪い場所は病害虫が発生しやすいので注意
2. 市販の消毒スプレーを用意する
3. 春から夏にかけては病害虫が発生しやすいので注意

## 病害虫は早期発見、早期予防が大切

盆栽は日当たりと風通しのよい場所に置いておけば、病害虫は発生しにくいものです。いいかえれば、日陰や風通しが悪い場所は病害虫が発生しやすいのです。

病気が発生したら、害を受けた葉を取り除き、殺菌剤を散布します。虫が発生したら、ピンセットなどを使ってできるだけ取り除き、取り除けないようなら殺虫剤を散布します。

殺虫、殺菌、殺ダニ剤が混合されており、規定の倍率に薄められていて、直接植物に散布できるスプレータイプの薬剤を1本準備しておきましょう。

### 春先と初秋に薬剤散布で予防を

病害虫が発生しやすいのは春から初夏にかけてと、秋です。春から初夏までは月1回、秋口に1回薬剤散布すれば、病害虫を予防できます。

**小バエ**

盆栽に小バエが寄るときは、置き肥が古くなっていることが多いようです。置き肥は1カ月を目安に取り替えましょう。

**薬剤散布はどんな日に？**

薬剤は曇っていて風のない日に散布するとよいでしょう。とくに風が強い日はやめましょう。

薬剤は、葉の表面だけでなく裏側にもスプレーするようにします。散布するときは屋外でゴム手袋やマスクを着用し、肌についたり、吸い込んだりしないよう注意します。

また、夏に複数の盆栽をくっつけて置くと、蒸れて病害虫が発生しやすくなります。葉と葉がふれ合うくらい近くに置くのはやめましょう。

病害虫の早期発見と予防で一番大切なのは日々の観察です。枯れ葉や害虫を見つけたらすぐに取り除くようにしましょう。

## おもな病害虫

### 病気

| | | |
|---|---|---|
| **斑点病** | **病状** | 4～11月、とくに雨の多い時期に多く、葉や茎、枝に褐色または黒の斑点ができます。 |
| | **対策** | 病気の部分を取り除き、焼却します。同時に、薬剤で消毒をしましょう。 |
| **うどんこ病** | **病状** | 4～11月。湿度が低くても発生します。うどん粉をまぶしたような白いかびができます。 |
| | **対策** | 初期であっても肉眼でわかるので、発生したら取り除きます。薬剤消毒もします。 |
| **べと病** | **病状** | 葉にすすが付着したように黒いかびに覆われ、美観も悪く、樹勢の衰えもまねきます。 |
| | **対策** | カイガラムシ類、アブラムシ類の排泄物にすす菌が培養されて発生するので、これら害虫の棒状が重要です。 |
| **さび病** | **病状** | 4～11月、とくに雨の多い時期に多く、小さくイボ状の斑点ができます。 |
| | **対策** | 症状がひどい葉は取り除きます。同時に、薬剤で消毒しておきます。 |

### 害虫

| | | |
|---|---|---|
| **アブラムシ** | **病状** | 3～7月、9～11月に葉や葉裏などに寄生し、汁を吸って生長を妨げます。 |
| | **対策** | 薬剤で駆除します。ガムテープなどの粘着面にくっつけて駆除する方法も。 |
| **カイガラムシ** | **病状** | 葉や茎に寄生して汁を吸い、生長を妨げます。1年中発生し、被害が進むと枯れます。 |
| | **対策** | 植物が傷つかないよう気をつけつつこすり落とすか、薬剤で駆除しましょう。 |
| **ハダニ類** | **病状** | 4～11月に、葉の裏に寄生して汁を吸います。被害部分は白い斑点が残ります。 |
| | **対策** | 水を嫌うので、夏場の夕方には葉水を習慣にすると繁殖を抑えることができます。 |
| **ケムシ類** | **病状** | 5～9月に発生し、葉や花を食べてしまいます。蝶や蛾の幼虫です。 |
| | **対策** | 割り箸などを使って駆除するか、薬剤散布します。直接さわってはいけません。 |

薬剤散布するときは葉の表だけでなく、葉の裏側にもよくスプレーするようにします。

**花セラピー**
**殺虫殺菌**
**花用AL**

薄めずそのまま使えるノンガスタイプ。有効期限も4年と長いタイプです。
1000ml／レインボー薬品

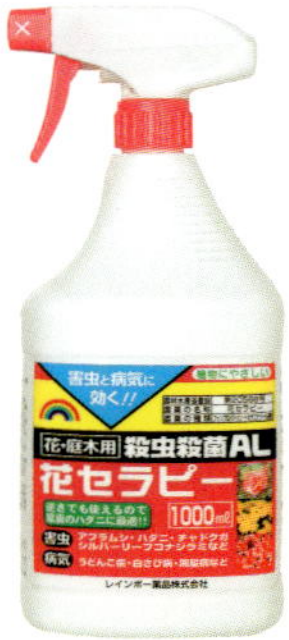


### これがあると便利

薄めずに直接スプレーできる殺虫殺菌剤はひとつもっておくと便利です。花セラピー殺虫殺菌は、アブラムシやハダニ類、うどんこ病、さび病など全般的な病害虫に効果があります。

# 針金成形

盆栽では構想した形にするために針金をかけて木に表情をつけることがあります。その方法をお教えしましょう。

**Point**

1. 植えつけや植え替えの半年から１年後に行う
2. 作業は休眠期に。生長期に針金をはずす
3. 思うような形にならなかったら、翌年もう一度かける

## 針金成形で枝に抑揚をつけ、やわらかさを出す

「こんなふうに枝が伸びていたらもっと樹形がきれいなのに」「ここにもう1本枝を足したい」など、空いている空間に枝を流したいとき、直線的な枝に抑揚をつけたいときに行う手入れが、針金成形です。針金をかけて枝に抑揚をつけたり、横に流したりします。

針金成形の練習にもっとも適しているのはつる性のやわらかい植物です。慣れてきたら、落葉樹、常緑樹、針葉樹などの枝ものにかけてみましょう。

作業は植えつけや植え替え後半年から1年後に行います。12月から2月の休眠期に行うのが基本ですが、その時期は枝がかたいので、初心者は枝がやわらかい5～6月に行うとよいでしょう。生長期を迎え、針金が枝に食い込むと傷つけてしまいます。その手前が針金をはずすタイミングです。

### 一度で形がつかないなら翌年もう一度かける

針金成形をしても思ったような形にならないことはよくあります。その場合は、一度針金をはずし翌年もう一度針金をかけます。針金成形は思いどおりの樹形をつくりたいなら必須ですが、時間がかかることもあります。

しかし、少しずつ、理想の形に近づけていくというのも盆栽の楽しさなのです。

**針金成形に使う針金**

やわらかいアルミ製の針金を使います。針金の太さの目安は枝の太さの3分の2。1・2ミリ、1・5ミリ、2ミリの針金を使い分けるとよいでしょう。

**針金の色は？**

針金があまり目立ちすぎないよう、幹の色になるべく近い色を選ぶとよいでしょう。

## 針金成形の方法

after

**針金成形をした後の状態**

枝の重なりが解消され、鉢の深さをいかして、右斜め下へ枝を流し、半懸崖の樹形になりました。

before

**針金成形を行う前の状態**

全体的に枝が右斜め上に伸びています。枝と枝の重なりも気になります。

### 主枝にかける

どの枝に針金をかけるか、考えます。

かける枝の1.3倍の長さに針金を切ります。

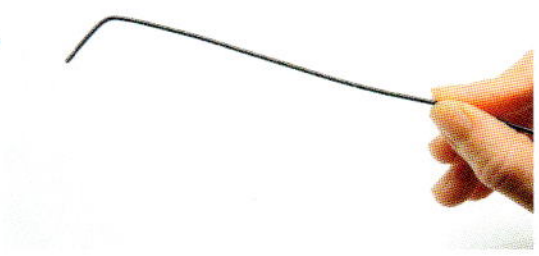

針金の先端を鍵型に曲げます。

鍵型のほうを株元にしっかりと差し込み、1センチ間隔を目安に下から上へ巻いていきます。

先まで巻き終わったら、針金切りで余った針金を切ります。

動かしたい方向に枝を曲げていきます。

### 脇枝にかける

同じ太さの脇枝には、同時に針金がかけられます。針金を枝にそってV字にし、1・3倍の長さに切ります。

主枝にV字の下の部分をあてて抑え、針金を左右1～2回ずつ曲げ、V字の中心を固定します。

主枝と同じように下から上に針金を巻き、巻き終わったらあまった部分を切り、形をつけます。

# 針金成形した盆栽のいろいろ

針金成形でどんなふうに形をつけていくのか、いくつか紹介しましょう。

## 春の針金成形した盆栽 1

### 使用する植物

ヒュウガミズキ❶、
ヒナソウ❷、

### 針金成形のポイント

全体に上方向に伸びていたヒュウガミズキを、針金成形することで、半懸崖の樹形にし、花の可憐さをより強調しています。傾きのある鉢と、針金成形した枝のバランスもポイントです。

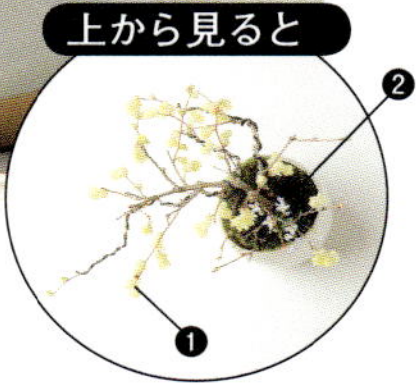


### 針金成形の時期

3月に針金成形。7月にはずす。

### 手入れの方法

3月の花後でまだ葉が出ないうちに針金を巻き、7月に針金をはずすとよいでしょう。ヒュウガミズキは日当たりのよいところを好みます。また、水を大変好みますのでたっぷり水を与えましょう。

## 夏の針金成形した盆栽 1

### 使用する植物

ロッカクドウヤナギ❶

### 針金成形のポイント

ヤナギを文人形《ぶんじんがた》につくっています。枝を下方向に枝垂れさせることで、風に揺れる風情が出て、とても涼しげです。いかにも華奢な雰囲気のミニ盆栽です。

### 針金成形の時期

5～6月に針金成形。7月にはずす。

### 手入れの方法

ヤナギも枝が太って古くなると曲げにくいので、若くなるべく枝が細いうちに針金成形で形をつくります。落葉後に一度剪定を行い、新芽が伸びた5～6月に針金成形をします。

※98～99ページの は144ページを参照してください。

## 秋の針金成形した盆栽 1

### 使用する植物
ロウヤガキ❶

### 針金成形のポイント
ロウヤガキ（実をつけている木）を針金成形で右に重心を置いた枝ぶりにすることで、右に流した枝先の実に注目がいくようにしています。寺の境内にあるカキの木のイメージです。

### 針金成形の時期
2～3月に針金成形。夏にはずす。

### 手入れの方法
実を楽しむには雌雄異株なので、雄木と雌木を用意します。年明けには実を摘んで木を休ませ、2～3月に長い枝は大きな芽の上で切り詰めます。

## 冬の針金成形した盆栽 1

### 使用する植物
クロマツ❶、斑入りタマリュウ❷、ゴールテリア❸

### 針金成形のポイント
幹がやわらかい若いうちに針金成形します。枝に2回抑揚を入れた姿にすることで、光を求める伸びやかなマツの姿になっています。

### 針金成形の時期
2月に針金成形。6月にはずす。

### 手入れの方法
若木のクロマツはやわらかく曲げやすいので、初心者にもおすすめです。6月に芽切り（春から伸びた新芽を元から切ること）をして樹形を保ちましょう。

# 剪定

植物は生きているので、生長期にはどんどん姿が変わります。枝が伸びたり、葉が茂って形がくずれたら、剪定をしましょう。

Point

1. 伸びてきた枝を剪定して理想の形に近づける
2. 枝を整理することで、病害虫の予防にもなる
3. 盆栽をコンパクトなサイズに保つことができる

## 剪定は盆栽には必須のテクニック

剪定とは枝葉を切って好みの形に整えることです。植物は育つにつれ、どうしても樹形がくずれてきます。剪定することで美しい姿を保つことができます。

剪定は形を整えるためだけに行うわけではありません。枝葉が混み合っていると、光や栄養分が行き渡りませんし、風通しも悪くなり病害虫の原因にもなります。剪定で混み合った枝葉を整理することで、日当たりや風通しがよくなり、健康に育つのです。

### 時期さえ選べば剪定は思いきって！

剪定をするときはかならず、盆栽を正面からながめ、高さと形を決めてから切っていきます。どこを切ればよいかわからないという人も多いと思いますが、基本は元気な葉の上です。剪定する枝に葉を1枚も残さないと、その後に枝が枯れてしまうので、最低でも2枚以上葉を残します。

剪定は植えつけ時にも行います。植えつけ時には根を切って減らすので、地上部を剪定して葉を減らすことは理にかなっています。植えつけ前にかならず剪定をしましょう。

ちなみに、剪定はやる時期を間違えなければ、積極的に挑戦しましょう。春の芽吹き前（2～3月ごろ）、新芽が伸びた後（5～6月ごろ）を目安に年2～3回行いましょう。

**春の剪定がよい理由**

春はどんどん新芽が伸びる生長の季節です。この時期にちょっと剪定しすぎても、植物は旺盛に生長するので大丈夫です。初心者は春に剪定しましょう。

**バランスが大切**

日光に向かって伸びる植物は思ったようには伸びません。バランスが大切です。

## 剪定の手順

### ❸ 木の輪郭から切る <…… ❷ 理想の高さを決める <…… ❶ 表から見る

### 基本樹形は三角形

形を決め、はみ出したところを切ります。盆栽のてっぺんを頂点として不等辺の三角形を目安にするとよいでしょう。

### 理想の高さを決める

盆栽では作り手が理想の大きさを決め、剪定で理想に近づけていきます。はじめに高さを決め、主幹を切って盆栽の頭の部分から剪定していきます。

### 表からじっくり見て樹形を考える

盆栽は正面からじっくりながめて、どういう形にするか、あらかじめビジョンを持ちましょう。

## 剪定が必要な忌み枝

### 突き枝

木の正面から前方向に突き出た枝のこと。元から切り取ります。

### 車枝

1カ所から放射線状に何本も出た枝のこと。基本的にもっとも太い1本を残して切り取ります。

### 平行枝

近い位置で平行に生えている2本の枝のこと。どちらか1本を切り取ります(同じ太さならどちらでもよい。太さが違うなら細い枝を切る)。

### かんぬき枝

前後や左右に一直線に伸びた枝のこと。一方を切り取ります（同じ太さならどちらでもよい。太さが違うなら細い枝を切る)。

### 立ち枝

枝から垂直に伸びた枝のこと。元から切り取るか、針金成形します。

### 下がり枝

下方に向かっている枝のこと。元から切り取るか、針金成形で修正します。

# 剪定してみよう！

実際にどういう手順で剪定していくかを、順を追って具体的な例で紹介します。

## どこを剪定するの？

剪定前の状態は、枝葉も混み合っており、高さや左右も伸びすぎています。三角形にすることを目標に、剪定していきます。

## ❶ 高さを決める

盆栽を表側から見て、理想とする盆栽の高さ＝木の高さをまず決めます。

頂点よりはみ出した部分の枝を、剪定ばさみで切ります。

## ❷ 左右を決める

三角形になるように、左側の輪郭を切ります。

同様に右も1本飛び出た枝も含め、輪郭を切ります。

## ❸ 底を決める

左下に伸びている枝が長くバランスが悪いので切ります。

不等辺三角形の輪郭を思い描きながら、左右の枝を切ります。

## ❹ 下に向かって生えている枝を切る

忌み枝はじっくり探して、こまめに切ります。切っているのは下向き枝。

忌み枝（101ページ参照）を切っていきます。

## ❺ 脇から出た枝を切る

そのほか、重なり合う枝や余分な長い枝を整理していきます。

枝と枝の分岐点から出ている葉（不定芽といいます）を切ります。

# 芽摘みと葉刈り

芽摘みと葉刈りを行うと、枝先に細かい枝や葉が増えます。結果的にその盆栽の大木感がアップします。

Point

① 芽摘み（新芽を摘むこと）で細かい枝と小さい葉が増える

② 葉刈り（葉を10分の1残して刈る）することで、小枝が増え、葉の大きさがそろう

③ 樹勢が弱っている木に行ってはいけない

## 大木感や雑木林の雰囲気を出す

盆栽で大きな木や雑木林の雰囲気を出すためには、枝葉をこんもりと茂らせる必要があります。このとき役立つテクニックが芽摘みと葉刈りです。

まず、芽摘みは新芽を何度も摘むことで脇芽を増やす手入れです。

一方、葉刈りは葉を10分の1残して刈り取ることで、脇芽を伸ばし、葉の大きさがそろうテクニックです。

芽摘みも葉刈りも、植物にストレスをかけていることに変わりはないので、生長期である春から初夏にかけて行います。秋に行ってはいけません。また、芽摘みも葉刈りも弱っている木に行ってはダメ。どちらも体力がいる手入れなので、芽摘みや葉刈りを行う際は、肥料もきちんと与えるようにしましょう。

### 芽摘みと葉刈りは同時に行う

葉刈りと芽摘みは並行して行うようにします。どちらも脇枝を増やすという意味では同じですが、芽摘みによって増えた小さな葉が、葉刈りによって大きめの葉も含め、だいたいの大きさがそろうところに違いがあります。

葉刈りをすると木は二度目の芽を出さなければならないので、毎年春・秋の肥料をやり基本的な体力をつけておくことが大切です。

**葉刈りの葉は残すのか**

葉刈りで葉を残すのは枝枯れを防ぐためです。トウカエデなど丈夫な植物は、葉柄を残してあとはすべて切り取ってかまいません。

**脇芽を伸ばす意味**

脇芽を伸ばして小枝を増やすことで木に厚みが出て、結果的に大木感につながります。

## 葉刈りの方法

葉を10分の1ほど残して刈ることで、脇芽が出て小枝ができます。葉刈り後に出る葉はひと回り小さくなります。

### 6月ごろ

葉柄を10分の1ほど残して切り取ります。そうすることで脇芽が伸び、こぶりな葉でそろいます。

### 葉刈り後

脇芽が出て、一気に小枝が増えます。葉刈りした葉は自然に落ち、後から出た葉は小さい状態で大きさがそろいます。

**葉刈りは大木感を出すテクニック**

小枝と細かい葉がたくさんあると、遠近法により、大木感が出ます。葉刈りは大木感を出したいなら欠かせないテクニックです。

## 芽摘みの方法

新芽を摘むことで、脇芽を伸ばす手入れ方法です。春から夏にかけて何回も行うことで、細かい枝が増え、細かい葉が密に茂ります。

### 1回め
（4月以降）

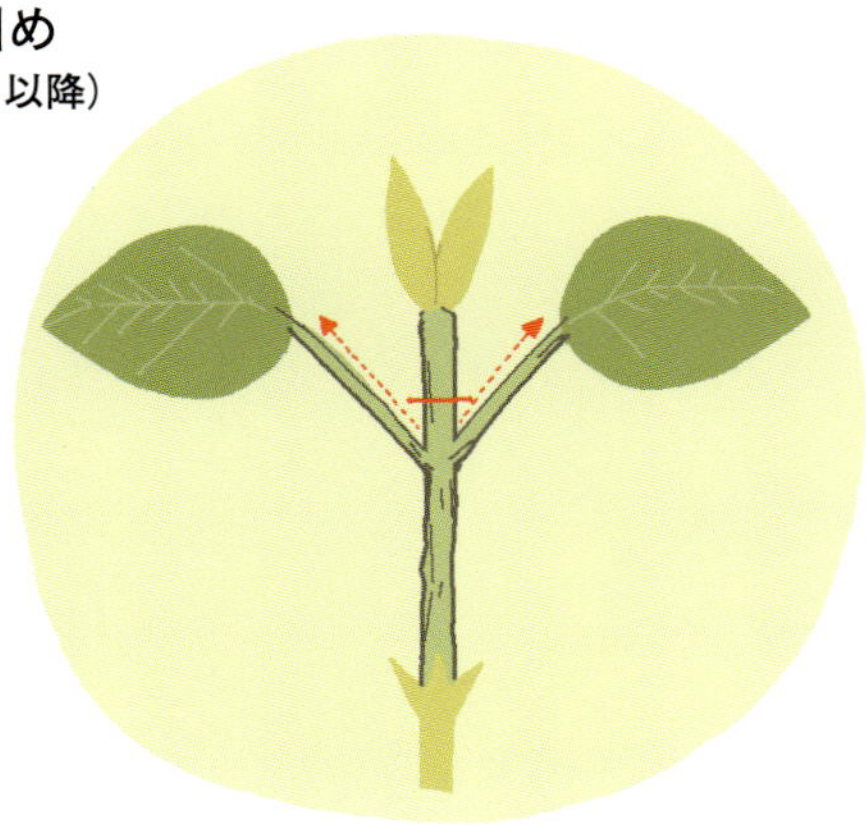

新芽を手で摘み取ります。細かい新芽はピンセットの先で摘むとよいでしょう。

### 2回め
（5月以降）

1カ月して脇芽が出てきたら、また、芽摘みをし、どんどん脇芽を増やしていきます。

**芽摘みは輪郭を整えるテクニック**

芽摘みをすると、小さい枝と細かい葉がいっぱい出ます。そうすることで、大木や林のこんもり茂った感じになるのです。

手入れ4

# 植え替え

盆栽が小さい鉢で長期間生きていられるのは数年に1回植え替えをするからです。その方法を説明しましょう。

**Point**

1. 新芽が出る前、2月下旬～3月に行う
2. 今より小さい鉢または同じ大きさの鉢に植える
3. 根につく古い土はていねいに落とす

## 植え替えをすることで盆栽は長生きする

小さい鉢なのに、樹齢何百年の盆栽が生きていられる理由は植え替えをするからです。2年に1回植え替えすることで、根が再生し、盆栽は生き返ります。

植え替えは以下のようなことに注意して行います。

- ・同じ大きさまたはより小さい鉢に植え替える
- ・新芽が出る前の2月下旬～3月に行う
- ・根についている古い土はなるべく落とし、清潔な土だけで植えつける
- ・根に負担がかかるのでなるべく短時間で行う

思い切って根はくずしてよい

植え替えのために鉢から根を取り出すと、たいていは鉢の形にびっしり根がまわっています。そのままでは植え替えできないので、竹箸で根をほぐし、古く活力のない根や土を取り除きます。根がほぐせたら、全体の3分の1程度を残して、根を切ります。時期さえ間違わなければ、迷わず根を切りましょう。

はじめに、根の先のほう、つまり根鉢の底から箸を入れ、髪をとかすように根をひきちぎらないよう力を加減しながらほぐしましょう。古く活力のない根を切ることで新しい発根が促され、結果的に地上部では新しい芽が促され、盆栽が生き返るのです。

**根鉢とは？**

鉢の形に固まった根と鉢土のことを根鉢といいます。植え替えではこれを竹箸などでくずします。

**植え替えしないと…**

根が伸びて鉢の中でいっぱいになり、植物が酸欠状態になりくさってしまいます。

## 植え替えの手順

after

before

### 植え替えの手順

植えつけてから２年たったチョウジュバイをひと回り小さい鉢に植え替えます。

盆栽の正面を確認し、新しい鉢とのバランスをみましょう。

やっとこを使って、根留めをはずします。

鉢の縁にそって竹箸を入れ、すき間をつくり、鉢から出します。

鉢から取り出した状態。根も長く、古い土もいっぱいついています。

竹箸などを使い、根鉢をくずしていきます。髪をとかすようにていねいに。

長さの3分の1程度のところで、根を切ります。

準備ができた状態。一番上の写真に比べずいぶん根が小さくなっています。

赤玉土小粒をゴロ土として入れてから、極小粒で植えつけます。

植えつけるときに正面はかならず確認します。

根留めをやっとこでねじって固定します。

水やりをしたら、コケをはります。

# 株分け

草ものが小さい鉢の中でどんどん生長すると、株が殖え、やがて根詰まりを起こしてしまいます。その前に株分けを行います。

*Point*

1. 株分けは２年に１回、３～４月に行う
2. 鉢の中の土がある程度乾いた状態で行う
3. 植えつけして１週間程度は強い風に当てない

## 株分けすることで草ものは生き返る

草ものを植えてから2年くらいたつと、小さい鉢の中は根でいっぱいになります。そのままにしておくと、夏場に株が蒸れたり、根腐れを起こしたりして、植物の生長が妨げられてしまいます。株分けをして、根が自由に伸びることができる環境をつくってあげましょう。

株分けは2年に1回植え替えと同時に行います。時期は、生長期と開花期を避けた3～4月です。

また、株分けして植えつけた後は根が落ち着かないので、強い風には当てないよう気をつけましょう。

### 株分けでどんどん鉢が増えていく

株分けするとひとつの鉢からいくつもの株ができます。もともとの鉢に植えつけるのはもちろんですが、殖えた株はいろいろな利用方法があり、それを考えるのはとても楽しい作業です、ここでいくつか紹介しましょう。

**1花が終わるなどして寂しくなった盆栽に足す（111ページ）**

**2コケ玉盆栽にする（112ページ）**

**3枝もの盆栽の脇役で使う**

なかでも2のコケ玉盆栽は水ゴケとハイゴケさえあれば簡単につくれます。夏場の水切れにさえ気をつければ、とてもかわいらしいものなので、ぜひつくってみましょう。プレゼントにもおすすめです。

**株分けした後は…**

強い風に当てないのはもちろん、水やりにも注意します。あまり勢いよく水をかけると株が倒れるので、ていねいに水やりしましょう。

**株分けしないと…**

どんどん生長すると、小さい鉢に株がいっぱいになって、夏に株が蒸れます。

## 株分けの方法

after

before

### 株分けの手順

株分けには根切りばさみと竹箸が必要です。

鉢の縁にそって竹箸を入れていきます。

根が取り出せないようなら、一部分を先に鉢から抜きます。

株を抜いたすき間に竹箸を入れ、箸を下から上へ持ち上げて株を取り出します。

鉢から出した状態。根がまわり、根鉢がかたまっています。

根切りばさみで株を分けるところに切り込みを入れてから、手で分けます。

株をひとまず分けた状態。

枯れた葉は取り除きます。

根鉢がかたまっているところは竹箸でくずします。

ていねいに土は落とします。

同じように株を分けます。

株は使用方法によって大きさを変えて分けておきます。

株分けした苗の使い方❶

# 元の鉢に植える

before

セキショウが伸びてきて鉢にいっぱいになったので、株分けをし、再度植えつけます。

**必要なもの**

元の鉢、株分けしたセキショウ、ゴールテリア（元の鉢の株）、ヤマゴケ
赤玉土（小粒）、赤玉土（極小粒）2対 鹿沼土（小粒）1、根切りばさみ、剪定ばさみ、土入れ、竹箸、コテつきピンセット、トレイ、じょうろ

## ❶ 配置を決める

株分けしたセキショウとゴールテリアを合わせて、赤玉土（小粒）をしいた鉢に入れます。

## ❷ 土を入れる

土入れで赤玉土（極小粒）と鹿沼土をブレンドしたものを入れます。竹箸を使って根の間に土を入れていきます。

## ❸ 水やりをする

土を入れたらたっぷり水をあげます。鉢底から出てくる水が、透明になるまでが目安です。

## ❹ コケをはる

コケを小さくちぎりながらすきまなくはっていきます。

コテつきピンセットを使い、角も土が見えないよう、コケをはります。

## 株分けした苗の使い方❷

# 寂しくなった盆栽に植える

咲いているときは華やかだったが、少々寂しげになったので…

**必要なもの**

元の鉢、株分けしたセキショウ、バイカオウレン（元の鉢の株）、ヤマゴケ、赤玉土（小粒）、赤玉土（極小粒）2対 鹿沼土（小粒）1、根切りばさみ、剪定ばさみ、土入れ、竹箸、コテつきピンセット、トレイ、じょうろ

### ❶ 寂しくなった鉢の苗を取り出し、根鉢をくずす

竹箸を使って株を取り出し、枯れた葉を剪定ばさみで切ります。根鉢をくずし、根切りばさみで根を切ります。

### ❷ 配置を決める

株分けしたセキショウと合わせて、どう植えつけるか配置を決めます。あらかじめ、鉢には赤玉土（小粒）をしいておきます。

### ❸ 土を入れる

土入れを使って赤玉土（極小粒）と鹿沼土をブレンドしたものを入れます。根と根のすき間までていねいにすき込みます。

### ❹ 水やりをする

土を入れたら水やりをします。鉢底から出る水が透明になるまでたっぷり与えます。

### ❺ コケをはる

コケをコテつきピンセットを使ってはっていきます。すき間がないよう、パズルのように空間を埋めます。

## 株分けした苗の使い方❸

# ―コケ玉をつくる

### ❶ 水ゴケの準備をする

水ゴケはたっぷりの水で戻します。剪定ばさみで10センチくらいの長さに切ってから水につけます。

そのままでは長いので10センチくらいに切ります。

↓

水によくひたします。

**使用するもの**

水ゴケ

株分けした苗

黒糸

ハイゴケ

株分けしたセキショウ

ハイゴケ、水ゴケ

剪定ばさみ、竹箸、トレイ

黒糸（綿）

## ❷ 水ゴケで苗をつつむ

水ゴケが戻ったら、それで株分けした苗を包みます。形が丸くなるよう、ここできちんと整えましょう。

水ゴケを手のひらで押して平らにします。

平らにした水ゴケの真ん中にセキショウの苗を置きます。

水ゴケでセキショウを包みます。

丸くなるよう形を整えます。

包んだ状態。形がいびつなようなら微調整します。

丸くなっていないところに水ゴケを足して、きれいな球形にします。

## ❸ コケ玉を糸で固定する

水ゴケは糸で固定します。10回ほど、縦横斜めと巻きつけます。

2～3回横方向に糸を巻き、その後10回ほど縦横斜めに巻きつけます。

巻き終わりは水ゴケの中に埋めます。

## ❹ コケをはる

コケ玉の場合、ハイゴケを使います。ハイゴケを平らに広げ、くるみます。

ハイゴケを手に広げて、平らにします。

ハイゴケで❸のコケ玉をくるみます。

丸めるようにして形を整えていきます。

できあがった状態。

## ❺ コケを固定する

ハイゴケを固定する方法も水ゴケと同じです。糸を縦横斜めに巻きつけます。

糸を最低でも15回程度は巻きつけます。巻き終わりは、水ゴケの中に埋めます。

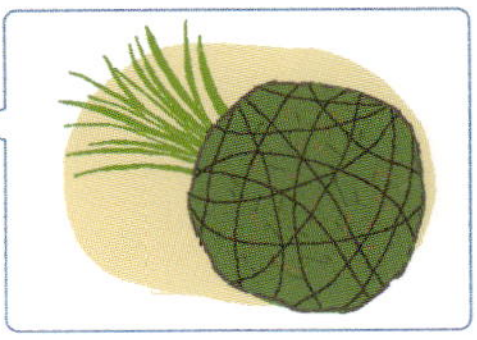

# 秋の盆栽

美しい紅葉、色づく実
実り多き秋を味わう

## 紅葉が流れる秋の川

真っ赤に色づくショウジョウシダレモミジの懸崖仕立て。まるで紅葉の川のようで、まさに秋を体現したようなひと鉢です。

◉ショウジョウシダレモミジ、ノコンギク

# ローズピンクの葉を楽しむ

ローズピンクに紅葉するチョウジカツラは、また違ったモダンな秋を感じさせてくれます。
◉チョウジカツラ、斑入りユキノシタ、ユキヤナギ

# 秋の盆栽

ススキがなびき、野菊が咲く
子どもの頃の懐かしい秋の風景

手のひらに
「秋」をのせる

【右】

ピラカンサとレンザンヒノキの豆盆栽はまさに手のひらにのる秋。小さな鉢にも自然界と同じ秋がやってきました。

◉右／ピラカンサ　左／レンザンヒノキ

【上】

秋の草ものを集めて作った草盆栽。ススキがゆれ、野菊が咲く、どこか懐かしい日本の秋を思いながらつくりました。

◉ヤクシマススキ、ノコンギク、ヒメタデ

柿が熟れ、鐘が鳴る
懐かしき里山

夕暮れどきに寺の鐘が鳴るような、そんな秋の里の風景を思わせる盆栽です。
◉ロウヤガキ、ヤマモミジ、ナンテン

# 秋の盆栽

古典的な染め付けの鉢と
真っ赤な実
ミスマッチが楽しい

【右上】

青い模様の鉢にコトネアスターとタマリュウを植えつけ、ミスマッチを楽しみました。青と赤のコントラストが楽しいひと鉢。

◉コトネアスター、タマリュウ

初冬へのプロローグ
晩秋の情景

【右上】

ヤマコウバシの鮮やかなオレンジの葉とひなびた雰囲気のアシズリノジギクが、晩秋から冬へと誘います。

◉ヤマコウバシ、アシズリノジギク、ノイバラ

# 秋の光に赤みを増すツタの紅葉
# 葉の揺れが優雅に誘う

色づくアメリカツタと、緑のヤブコウジで、赤から緑のグラデーションが楽しめます。秋の日に透ける紅葉が美しい。

◉アメリカツタ、ヤブコウジ、コガネシダ

# 秋の盆栽

燃えるような赤、そして秋の日に映える黄色

【右上】

ユキヤナギを植えた石付き盆栽です。燃えるような葉色はこの季節ならではです。

●ユキヤナギ

【左上】

広い草原に1本立つ大木のケヤキ、小さな盆栽に大きな木を見立てます。紅葉が終わったケヤキの葉が、土に帰っていく、静かな秋の風景です。

●ケヤキ、タマリュウ

第4章

# 盆栽植物図鑑

# 枝もの（花）

花が咲く枝ものは華やかに、四季のうつろいを知らせてくれます。早春のウメ、春のモモ、サクラなど、季節を花で感じましょう。

## サクラ

日本を代表する花木のひとつ

春

小さい鉢でもきれいに花を咲かせます。

八重の花が咲くアサヒヤマザクラ。

シダレザクラは懸崖仕立てにすることも。

まさに春を象徴する花木で、園芸品種は数多くあります。盆栽には剪定に強い、カンザクラ、マメザクラ、シダレザクラなどが向き、ソメイヨシノは盆栽には向きません。1～3月ごろに盆栽用の苗が出回るので、苗木を探しましょう。

**手入れのポイント**

梅雨時から夏にかけて花芽ができるので、花後の剪定は5月までに済ませましょう。また、乾燥に弱いので水切れに注意します。針金成形は枝がやわらかい4～5月ごろにしましょう。

**DATA**

バラ科　落葉高木　日本・朝鮮半島・中国原産
鑑賞：3～4月（花）

## キブシ

淡黄色の下垂する花が美しい

春

縄状のつぼみが秋につき、そのまま越冬し、春先に枝から垂れ下がる形で花が咲きます。雄花と雌花があり、花穂が長いほうが雄花です。

新緑や紅葉も美しい。

**手入れのポイント**

花後に切り戻し剪定を行います。4月の芽摘みはこまめにしたほうが、葉の数が増えます。夏の水切れに弱いので、たっぷり与えましょう。

**DATA**

キブシ科　落葉低木　日本原産
鑑賞：3月（花）、紅葉（11月）

## ネコヤナギ

猫のしっぽのような花がかわいらしい

春

猫のしっぽのような花は、大きめの円筒状でシルクのようになめらかな毛で覆われています。河川の土手などに自生もしています。

目立つ花びらはなし。

**手入れのポイント**

株元からヤゴと呼ばれる枝のうち、特に太い枝などバランスをくずす枝が出てきたら切ります。また、剪定は花後すぐに行います。

**DATA**

ヤナギ科　落葉低木　日本原産
鑑賞：3～4月（花）

※122～135ページの は144ページを参照してください。また、植物名の下の季節は主な鑑賞期を表しています。

可憐な黄色い小花が春を告げる

## ヒュウガミズキ

小さな黄色の花が2～3輪ずつ、葉よりも先に咲きます。よく伸びる丈夫な植物で、剪定の練習にもぴったりです。葉も丸くてかわいらしく、新緑も楽しめます。

枝にイヤリングがついたような花。

**手入れのポイント**

よく伸びるので花後と5～6月の徒長した枝の剪定が必要です。落葉期は蕾を落とさないよう注意。夏は西日を遮光し、葉焼け、水切れに注意。

**DATA**

マンサク科　落葉低木　日本原産
鑑賞：3月（花）、4～5月（新緑）

春の訪れを告げてくれるピンクの花

## モモ

中国原産ですが、園芸品種は日本で古くから改良されたものがほとんど。一般に、盆栽はハナモモと呼ばれる、花を鑑賞する品種を使います。花色はピンクの濃淡の他、白、赤、紅白の咲分けをするものなど、さまざまです。

濃いピンクの八重のハナモモ。

可憐な印象の一重咲きのハナモモ。

**手入れのポイント**

花後に徒長した枝やバランスの悪い枝を剪定します。また、肥料を好むので、4～6月と9～10月に月1回置き肥します。水やりは土の表面が乾いたらたっぷり与えましょう。

**DATA**

バラ科　落葉小高木　中国原産
鑑賞：3～4月（花）

初心者でも花を咲かせられる丈夫な木

## ボケ

早咲きのカンボケと遅咲きのハルボケに分けられます。花色は赤や白、ピンク、絞りなど園芸品種もさまざまです。花は次々と咲き、長く楽しめます。

カンボケは2月ごろから咲きはじめます。

**手入れのポイント**

徒長した枝には花芽がつかないので、剪定して短い枝が出るよう促します。夏に花芽ができるので、それ以降の剪定は花芽を確認しながら行います。

**DATA**

バラ科　落葉低木　日本原産
鑑賞：2～4月（花）

ツツジに似た花を咲かせる

## ヒメシャクナゲ

高地に自生する原種は平地では育ちません。現在、園芸用に売られているのは西洋シャクナゲで、比較的栽培するのが簡単です。

キバナシャクナゲ。

**手入れのポイント**

風通しと日当たりのよい場所に置きます。夏場はもちろん、冬場の水切れにも十分注意します。また、花後は花がら摘みを行いましょう。

**DATA**

ツツジ科　常緑低木～小高木　日本原産他
鑑賞：3～5月（花）

装飾花がヤマアジサイに似る

## イワガラミ

山野では、枝から気根を伸ばして岩や木にからみつくようにして伸びます。スギなどの木の幹に直接花が咲いているように見えます。日陰でもよく育ちます。

ヤマアジサイの花と似ています。

夏

**手入れのポイント**

春の芽出しから開花期は日当たりのよい場所に置きます。それ以外は日陰でも大丈夫。剪定は花後すぐ。剪定した枝を挿し木で殖やすことも可能。

**DATA**

ユキノシタ科　落葉つる性　日本原産
鑑賞：6～7月（花）

花の少ない夏場に貴重。開花時期も長い

## サルスベリ

7～9月の真夏に鮮やかな花が咲き、花が少ない夏場に彩りを与えます。滑らかな木肌も美しく、百日紅の別名からもわかるよう花期が長く、夏におすすめです。

木肌はつるつるしています。

夏

**手入れのポイント**

2～3月の芽出し前に剪定します。花芽は枝が伸びてからつきます。5月ごろに4月以降徒長した枝を剪定し、花が終わったら花がら摘みをします。

**DATA**

ミソハギ科　落葉小高木　中国原産
鑑賞：7～9月（花）

花の種類の豊富さはサツキならでは

## サツキ

花もの盆栽の定番で、2000以上の品種があります。花色も白、赤、赤紫、オレンジ、絞りなどさまざま。ちなみに、サツキはツツジの1種です。

ツツジの約1カ月後に咲きます。

夏

**手入れのポイント**

花後すぐに剪定します。剪定することで新しい小枝が出ます。また、水を好むので夏場の水切れには十分注意しましょう。

**DATA**

キブシ科　落葉低木　日本原産
鑑賞：5～6月（花）、紅葉（11月）

夕方に開花し、夜になると葉を閉じる

## ネムノキ

夜になると葉を閉じ、まるで眠っているように見えることが名前の由来です。ふわふわの淡いピンク色の花は枝先で咲くので文人仕立てのような味わいがあります。

花に見えるのはピンク色の雄しべ。

夏

**手入れのポイント**

花後に枝元から1節残して、芽の上で剪定しましょう。この作業をしないと樹高が高くなります。夏の開花期はとくに水切れに注意します。

**DATA**

マメ科　落葉高木　日本、朝鮮半島、中国原産
鑑賞：7～8月（花）

花も実も楽しめる日本のバラ

## ノイバラ

盆栽では日本に自生する原種のノイバラを仕立てます。花が小ぶりなため、盆栽に向いています。秋には赤い実をつけます。

夏

日本に自生もしています

**手入れのポイント**

落葉直後と芽出し前に枝を剪定します。花は新しく伸びた枝先につきます。また、枝が曲がりやすいので、針金成形初心者におすすめです。

**DATA**

バラ科　落葉低木
鑑賞：5～6月（花）　11月（実）

初夏に白く可憐な花が咲く

## ヒメウツギ

日当たりのよい山野に自生。初夏にウツギを小さくしたような白花が咲きます。丈夫でとても育てやすいので初心者におすすめです。

夏

ほふくして横に伸びます。

**手入れのポイント**

花後に思い切って剪定すれば、株をコンパクトに保てます。剪定した枝は挿し木で殖やすことができます。

**DATA**

アジサイ科　落葉低木　日本原産
鑑賞：5～6月（花）

可憐に咲き、秋の風情が味わえる

## ハギ

立ち性のキハギ、矮性のヤクシマハギ、小型の野生種のミヤギノハギ、枝垂れ性のシラハギなどさまざまな種類があります。丈夫で育てやすい花木です。

夏

赤紫の花が咲くミヤギノハギ。

**手入れのポイント**

秋から早春は半日陰に置き、風よけをし、新芽が出たら日なたに移します。水を好むので、水切れしないよう、用土が乾いたらたっぷり与えましょう。

**DATA**

マメ科　落葉低木・多年草　日本原産
鑑賞：6～9月（花）

多様な品種を誇る小型のアジサイ

## ヤマアジサイ

全体に小ぶりで、ガクアジサイに比べると枝が細いのが特徴です。盆栽に使われる園芸品種は豊富で、白系、赤系、紫系、一重、八重とさまざまなので、好みの花を探しましょう。初夏に咲く花は楚々として美しく新緑に映えます。

夏

星型の白花が咲く「白鳥」。

深い紫色の「黒姫」。

**手入れのポイント**

乾燥に弱いので水切れには十分注意すること。日陰でも育ちますが、日当たりのよいほうが花つきがよくなります。剪定は花後に行います。秋以降の剪定は翌年の花芽を落とします。

**DATA**

アジサイ科　落葉低木　日本原産
鑑賞：5～6月（花）

## 寒さ厳しい冬に気品ある花を咲かせる

## ウメ

園芸品種は300以上と豊富です。1～2月の寒さが厳しい早春に、いち早く芳香の高い花を咲かせます。盆栽には原種に近い野梅種が向いています。

香りが高い野梅。

冬

**手入れのポイント**

花後すぐに、花が咲いた枝を、枝元に近い1～2芽を残して、剪定します。5月に徒長した枝を切り、秋以降の剪定は翌年の花芽を確認してから。

**DATA**

バラ科　落葉小高木　中国原産
鑑賞：1～3月（花）

## 真冬に咲く存在感のある花

## ツバキ

古くから園芸植物として親しまれ、花形、花色ともに豊富にそろいます。園芸店では秋口から出回りはじめます。針金成形がしやすく、さまざまな樹形が楽しめます。

ツバキの他、サザンカやチャノキも近い仲間です。

冬

**手入れのポイント**

花後に元気な葉の上で剪定し、全体をひと回り小さくします。また、花芽は6～7月にできるので、その前の5月に再度剪定をします。真夏は遮光します。

**DATA**

ツバキ科　常緑小高木　日本・朝鮮半島・台湾原産
鑑賞：11～3月（花）

# 枝もの（紅葉）

真っ赤に色づく紅葉は秋の風物詩です。近づく冬の足音を感じつつ、深まる秋を感じる……。それこそが紅葉の醍醐味です。

## 半球形の樹形が特徴

## ケヤキ

ほうきを逆さにしたような樹形が特徴で、とても丈夫です。赤く紅葉するものと黄金色になるものがあります。新緑の季節も見どころです。

真っ赤に色づくケヤキ。

秋

**手入れのポイント**

芽摘みや葉刈りを丹念に行い、細かい枝をたくさん出すようにします。剪定は5～6月と2～3月に行うとよいでしょう。

**DATA**

ニレ科　落葉高木　日本・朝鮮半島・中国・台湾原産　鑑賞：通年

## 生長が早く、乾燥にもよく耐える

## コナラ

いわゆるドングリの木で、全国の山野の日当たりのよい場所に自生しています。紅葉は基本は黄色ですが、赤く変化するものもあります。

葉の色合いが美しい。

秋

**手入れのポイント**

枝先に雌花がつくので、実（どんぐり）をならせたいなら雌花を残します。2～3年に1回は実をあきらめ枝を短く切り戻しましょう。

**DATA**

ブナ科　落葉高木　日本・朝鮮半島・中国・台湾原産　鑑賞：4月～秋（葉姿）、11月（実、紅葉）

初心者向けの丈夫なカエデ

## トウカエデ

カエデ類の中でも丈夫で強い剪定にも耐えます。新緑、緑陰、紅葉、寒樹（冬の姿）と四季を通じて楽しめます。葉の切れ込みが3つのものをカエデと呼んでいます。

中国原産故に唐楓という名に。

**手入れのポイント**

こまめな芽摘みで脇芽を殖やすこと。剪定は5～8月と2～3月に。夏～10月の夕方には葉水をすると、葉の温度が下がり、きれいに紅葉します。

**DATA**

カエデ科　落葉小高木　中国・台湾原産
鑑賞：通年

黄葉のグラデーションが美しい

## ブナ

緑から黄、オレンジ、金茶に移りゆく紅葉は見事。春に新芽が開くまで冬枯れした葉をつけています。盆栽では葉が小ぶりなフジブナを主に仕立てます。

ブナには晩秋の趣があります。

**手入れのポイント**

4～5月に芽摘み、6月に葉刈りを行い、5～6月に徒長した枝を剪定します。真夏は葉焼けを防ぐために、遮光すること。夏の夕方には葉水を。

**DATA**

ブナ科　落葉高木　日本原産
鑑賞：通年

細い幹が味わい深い

## ハゼノキ

鮮やかな赤に紅葉するハゼノキは、細い幹を生かした寄せ植えに仕立てるとよいでしょう。別名ハゼウルシからもわかるように、かぶれることがあるので注意しましょう。

細い葉が真っ赤に色づく。

**手入れのポイント**

2～3月と5～6月に剪定をします。また、葉刈りをして、葉を全体に小ぶりにするとよいでしょう。作業時はかぶれ防止に手袋を着用しましょう。

**DATA**

ウルシ科　落葉高木　日本・中国・台湾・東南アジア原産
鑑賞：4～9月（葉姿）、10～11月（紅葉）

紅葉の代表格。新緑も美しい

## ヤマモミジ

紅葉だけでなく、春の芽出しや新緑も美しく、丈夫なので初心者にもおすすめです。強い剪定にも耐えるので、練習用の木としてもおすすめです。

葉の切れ込みが5つ以上のものをモミジと呼んでいます。

**手入れのポイント**

4～5月に芽摘み、6月に葉刈りを行い、繊細な枝先に仕上げます。剪定は5～6月か休眠中の2月下旬から3月に行うとよいでしょう。

**DATA**

カエデ科　落葉高木または低木　日本原産
鑑賞：通年

# 枝もの（実）

秋は紅葉とともに実り多き季節でもあります。オレンジや真っ赤に色づく実を鑑賞すれば、懐かしい里山の風景が浮かんでくるものです。

## ツリバナ

実は熟すと中から赤い種がのぞく

秋

吊り下ってつく実は、熟すと割れて赤い種がのぞき、独特な雰囲気です。細い幹と合わせて、秋の風情が感じられる枝ものです。

実の形が面白い（※）。

**手入れのポイント**

夏の強い日ざしは葉やけするので、遮光します。また、剪定は実の鑑賞後に。2～3月に間伸びした枝を短く切りましょう。

**DATA**

ニシキギ科　落葉小低木～低木　日本・朝鮮半島・中国原産　鑑賞：5～6月（花）、10～11月（実）

## クチナシ

きんとんの色づけに使われる実

夏

6月ごろに芳香のよい白い花が咲き、秋の終わりにオレンジ色の実がなります。実はおせち料理のきんとんの色づけに使われることで有名です。

花は白から黄に変化。

**手入れのポイント**

実を楽しむため、花がらは摘まずに残します。剪定は実の後、12月または2～3月に行います。4～5月に新芽を摘んで徒長を抑えます。

**DATA**

アカネ科　常緑低木　日本・中国・台湾・インドシナ原産　鑑賞：6～7月（花）、11～12月（実）

## ヒメリンゴ

小さな林檎が愛らしい

秋

かわいらしい小さなリンゴが秋に実ります。食用ではありませんが、比較的長期間鑑賞できます。薄ピンクから白に変化する花も美しいです。

実は3カ月以上鑑賞可能。

**手入れのポイント**

同じ品種同士では受粉しないので、他のリンゴなどを近くに置くか、人工受粉をします。秋の鑑賞後は実は早めに摘み取りましょう。

**DATA**

バラ科　落葉低木　中国原産
鑑賞：4～5月（花）、10～11月（実）

## コムラサキシキブ

紫色の実は上品な雰囲気

秋

ムラサキシキブとは本来別種です。ムラサキシキブがまばらに紫の実をつけるのに対して、コムラサキシキブは実がかたまってつき、華やかです。

小枝の多いものを。

**手入れのポイント**

実を楽しむため、花がらは摘まずに残します。結実を確認してから、伸びた枝の剪定を。日当たり、風通しのよいところを好みます。

**DATA**

クマツヅラ科　落葉低木　日本・朝鮮半島・中国・台湾原産　鑑賞：6～7月（花）、10～11月（実）

## ピラカンサ

鈴なりに実がつく

秋

赤い実のトキワサンザシとオレンジの実のタチバナモドキを総称してピラカンサと呼びます。丈夫で実がよくつくので初心者におすすめです。

ピラカンサとは火のトゲ。

**手入れのポイント**

半日陰でも育ちますが、日当たりのよい場所のほうが実はよくつきます。枝が徒長しやすいので、木が若いうちは樹形づくりを優先します。

**DATA**

バラ科　常緑低木　ヨーロッパ・アジア原産
鑑賞：5～6月（花）、10～12月（実）

※六甲山の自然を学ぼう会　窪田博行

初心者でも実なりを楽しめる

## ベニシタン

5月に白い花がつき、秋に朱色の小さな実をいっぱいにつけます。肥料を忘れなければ、花もよくつき、結実もよくする丈夫な木なので初心者におすすめです。

秋

葉も実も小ぶりでかわいらしい。

**手入れのポイント**

剪定は7月までに行い、実のつかなかった徒長枝を切り、短い枝を出させます。木が若いうちは樹形づくりを優先させます。肥料を忘れないこと。

**DATA**

バラ科　常緑低木　中国原産
鑑賞：5月（花）、10～12月（実）

いかにも里山の秋。郷愁を誘う

## ロウヤガキ

カキの中でも小型の実がつくロウヤガキは盆栽に向いています。品種によって実の大きさや色はさまざまです。葉が落ちた後も枝に残る実は郷愁を誘います。

秋

夕焼け色のロウヤガキの実。

**手入れのポイント**

雌雄異株なので、雄木と雌木を用意します。夏に水切れすると実が熟す前に落ちてしまうので注意します。年が開けたら摘果して木を休ませます。

**DATA**

カキノキ科　落葉低木　中国原産
鑑賞：5月（花）、11～12月（実）

真っ赤な実がかわいらしい

## ゴールテリア

秋に葉の下についた薄緑色の実が熟して真っ赤になります。真っ赤な実と緑の葉のコントラストはクリスマス飾りの盆栽としても最適です。

秋

チェッカーベリーとも。

**手入れのポイント**

花が咲いたとき、長雨に当てたり、水はけが悪かったりすると、過湿で花が落ちて実がならなくなるので注意しましょう。

**DATA**

ツツジ科　常緑低木　北米原産
鑑賞：10～11月（実）

手のひらにのるミカン畑の風景

## キンズ

金柑の仲間で、花後に小さな緑色の実がつき、秋から冬にかけて黄色く熟します。暑さに強く、夏の暑い盛りに咲く小さな白い花も可憐です。

冬

色鮮やかな黄色い実。

**手入れのポイント**

春から秋は日当たりのよい場所に置き、冬場は寒さに弱いので防寒するか、夜は屋内に取り込みましょう。

**DATA**

ミカン科　常緑低木　中国原産
鑑賞：6～8月（花）、12～1月（実）

万葉集に登場するほど歴史は古い

## ヤブコウジ

ヤマタチバナの名で万葉集にも登場するほど、古くから親しまれてきた植物です。秋から2月ごろまで長期間実が鑑賞できます。

冬

お正月の縁起植物です。

**手入れのポイント**

春から秋にかけては日陰や半日陰に、冬は日なたに置きます。冬場はときどき外に出して日に当てれば、屋内の窓辺でも育てられます。

**DATA**

ヤブコウジ科　常緑低木　日本・朝鮮半島・中国・台湾原産　鑑賞：11～1月（実）

# 枝もの（常緑）

マツを始めとする常緑の針葉樹は盆栽の代名詞です。冬でも枯れないその生命力は、私たちに元気を与えてくれます。

## やさしい雰囲気のあるマツ
## アカマツ

女松とも呼ばれる繊細な枝ぶりと細い葉が魅力です。古くなると赤茶色の幹肌になります。日本の風景に欠かせないマツです。

細い葉はやさしい雰囲気。

**手入れのポイント**

日当たり、風通しのよいところに置きます。水やりは土の表面が乾いたら。6月に芽切りを行い、葉を短く仕立てましょう。

**DATA**

マツ科　常緑針葉高木　日本・朝鮮半島・中国原産
鑑賞：通年

## 北国の森の風景を演出
## エゾマツ

幹肌が荒れやすく、古木感や大木感を出しやすく、北国の森の景色を思わせます。北国の樹木ですが、乾燥した寒風に弱いので、冬は防寒を。

短い葉が細かく密生。

**手入れのポイント**

水を好むので水やりは多めに。夏は夕方に葉水もします。冬は寒風があたらない軒下などに置いたほうがよいでしょう。

**DATA**

マツ科　常緑針葉高木　北海道・千島列島原産
鑑賞：通年

## 日本の海沿いの風景を演出
## クロマツ

盆栽を代表するマツ。北海道を除く、日本の海岸線に自生し、荒々しい力強さがあります。丈夫で育てやすくはじめてのマツとしておすすめです。

男松とも呼ばれます。

**手入れのポイント**

日当たり、風通しのよい場所に置き、水切れに注意します。6月に芽切りを行い、葉を短く仕立てましょう。

**DATA**

マツ科　常緑針葉高木　日本・朝鮮半島原産
鑑賞：通年

## さまざまな樹形で楽しめる
## ゴヨウマツ

ひとつの葉のつけ根から5本の葉が出ることからその名がつきました。暑さ、寒さに強いマツです。また、幹や枝がやわらかく、さまざまな樹形が楽しめます。

日本各地の山の高いところに自生。

**手入れのポイント**

葉が短いほうが好まれるので、水やりは少なめにしましょう。特に春から夏にかけて水をやりすぎると根腐れするので、乾きを確認してから水をやりましょう。

**DATA**

マツ科　常緑針葉高木　日本原産
鑑賞：通年

## シンパク

### 自然界の厳しさを表現

幹が自然にねじれたり、幹の芯が白く白骨化したりと、風雪に耐える姿が魅力で、盆栽向きです。丈夫で育てやすい上に、幹もやわらかいので初心者向きです。

日本各地の高地に自生。

**手入れのポイント**

日当たり、風通しのよい場所に置き、水切れしないよう、水やりはたっぷりが基本です。根詰まりしやすいので1～2年に1回は植え替えを。

**DATA**

ヒノキ科　常緑針葉高木　日本原産
鑑賞：通年

## トショウ

### 厳しい自然を表現するのにぴったり

盆栽ではネズとハイネズをトショウと呼び、太い幹のトショウはほぼネズです。細く鋭い葉が特徴で、厳しい自然の風景を表現するのに向いています。

英語でNeedle Pine（針の松）というように、葉は鋭くかたい。

**手入れのポイント**

日当たり、風通しのよい場所に置きます。暑さに強く、寒さに弱いので、冬は軒下などに移したほうがよいでしょう。新芽が伸びたら芽摘みを。

**DATA**

ヒノキ科　常緑針葉高木　日本・朝鮮半島・中国原産
鑑賞：通年

## スギ

### まっすぐ伸びる幹が雄大な雰囲気

直幹型の代表的な樹種。根は八方に伸び、天に向かってまっすぐ伸びる幹と、雄大な風景が楽しめます。丈夫で育てやすく、生長も早いので初心者向きです。

葉が細かい八房性のものは大木感を出しやすい。

**手入れのポイント**

日当たり、風通しのよいところに置きます。夏は明るい日陰、冬は軒下などに移したほうがよいでしょう。水を好むので、水切れには十分注意を。

**DATA**

スギ科　常緑針葉高木　日本原産
鑑賞：通年

## ヒノキ

### 天に向かい伸びる幹が雄々しい印象

さまざまな生活用品に加工されてきた日本原産のおなじみの木で、まっすぐ伸びる幹をいかし、直幹形で仕立てます。葉の長さ、大きさは品種により異なります。

葉は小さく締まっています。

**手入れのポイント**

日当たり、風通しのよい場所に置き、冬場は軒下などに移します。樹芯が伸びやすいので、芯を切り詰めて、コンパクトな樹形を保つようにします。

**DATA**

ヒノキ科　常緑針葉高木　日本原産
鑑賞：通年

# 草もの

鉢の中に風景を演出するときに欠かせないのが草ものです。可憐な姿に似合わず、丈夫なものが多いのでぜひ育ててみてください。

## イカリソウ

丈夫で育てやすい山野草

花が錨の形をしていることからその名がつきました。雑木林の下草として自生する多年草で、栽培が簡単なので、山野草初心者におすすめです。

可憐な外見だが丈夫。

**手入れのポイント**

半日陰を好みます。夏は風通しのよい日陰に移し、冬は風よけをした軒下などで休眠させます。水を好むので、春から秋はたっぷりと。

**DATA**

メギ科　多年草　日本・中国原産
鑑賞：4～6月（花）

## キンバイソウ

山吹色の花が盆栽の彩りに

丈夫で育てやすく、特別なことをしなくても、毎年、鮮やかな山吹色の花を4～5月に咲かせます。新緑の季節の盆栽のアクセントにぴったりです。

木の足元の彩りに。

**手入れのポイント**

暑さに弱いので、真夏は半日陰に移します。冬は軒下などで休眠させます。また、乾燥に弱く、水切れを起こさないよう注意しましょう。

**DATA**

キンポウゲ科　多年草　日本原産
鑑賞：4～5月（花）

## タツナミソウ

脇役として盆栽を引き立てる

決して主役になるような花ではありませんが、やさしげな雰囲気で脇役として活躍します。こぼれダネで殖えるほど丈夫なので、初心者におすすめです。

波形の花が咲きます。

**手入れのポイント**

日当たりのよい場所に置きます。根の生長が早いので、根詰まりを起こさないよう、2年に1回は植え替え、株分けをしましょう。

**DATA**

シソ科　多年草　日本原産
鑑賞：4～5月（花）

## タンチョウソウ

ヤツデやモミジのような葉も楽しめる

春に5ミリほどの小さい花を多数咲かせます。花と同時、または少し後に、ヤツデやモミジのような葉を数枚広げます。葉には斑入りの品種もあります。

白い小花が可憐な雰囲気。

**手入れのポイント**

日当たりのよいところで管理しますが、初夏以降は半日陰に。また、乾燥に弱いので、水切れには注意を。2～3年に1回、株分け、植え替えを。

**DATA**

ユキノシタ科　多年草　朝鮮半島・中国原産
鑑賞：3～4月（花）、4～7月（葉）

美しい花色で盆栽に色をそえる

## ナデシコ

野の風に揺れるようなカワラナデシコ、花色の濃いオヤマナデシコなど園芸種は豊富です。かわいらしい雰囲気になるので、春の草もの盆栽におすすめです。

濃いピンクの花色が美しい。

春

**手入れのポイント**

花色をよくするために、春先によく日光に当てます。また、水切れを起こしやすいので、水やりはたっぷりと。2年に1回、植え替え、株分けを。

DATA

| |
|---|
| ナデシコ科　多年草　日本原産 |
| 鑑賞：5～6月(花) |

山野草とは思えないほど丈夫

## バイカオウレン

湿った日陰に自生する山野草で、ウメに似た白い花を咲かせます。とても丈夫で、山野草初心者におすすめです。常緑なので寄せ植えの脇役として重宝します。

梅花の名のとおり可憐な五弁の花が咲きます。

春

**手入れのポイント**

日当たりで花を楽しんだ後、半日陰で管理します。水切れに注意し、秋に追肥すれば毎年よく咲きます。1年に1回、植え替えと同時に株分けを。

DATA

| |
|---|
| キンポウゲ科　多年草　日本原産 |
| 鑑賞：3～4月(花) |

薄ピンク色の可憐な小花

## バイカカラマツ

華奢で可憐な姿からは想像できないほど丈夫で、繁殖力が旺盛です。透明感がある薄いピンクの花は、春の盆栽にぴったり。タイワンバイカカラマツとは別の種類です。

八重咲きの品種もあります。

春

**手入れのポイント**

春と秋は日当たりのよい場所、夏は半日陰、冬は軒下に移します。水切れには十分注意を。2年に1回植え替えをし、株が大きくなっていたら株分けを。

DATA

| |
|---|
| キンポウゲ科　多年草　北米原産 |
| 鑑賞：4～5月(花) |

銀白色の葉が美しく、根締めに重宝

## アサギリソウ

高山や岩場に自生するヨモギの仲間で、夏にヨモギによく似た花を咲かせます。銀白色の葉が美しく、紅葉する枝ものとの相性は抜群です。

葉は朝霧を思わせます。

夏

**手入れのポイント**

日当たりと風通しのよい場所に。春から秋は1日1回水やりをしますが、冬は4～5日に1回で大丈夫。2年に1回、株分け、植え替えを。

DATA

| |
|---|
| キク科　多年草　日本原産 |
| 鑑賞：7～8月(花)、周年(葉) |

## 泡のような花はやさしい雰囲気

# アスチルベ

ふんわりとしてやわらかい花のイメージとはうらはらに、寒さに強く、放任しても毎年花を咲かせます。花色は白、ピンク、赤、赤紫などがあります。

夏

和名はショウマといいます。

**手入れのポイント**

夏は半日陰に移します。水やりは春から秋は1日1回、冬は乾いたら与える程度で大丈夫です。2年に1回、株分け、植え替えをします。

**DATA**

ユキノシタ科　多年草　日本原産
鑑賞：6～7月（花）

## 斑入りの葉が美しい

# ギボウシ

初夏から秋口に咲く白や紫色の花は緑の葉によく映えます。とても丈夫なので初心者におすすめです。また、葉に白や黄の斑入りのものが多く、葉も鑑賞できます。

夏

葉は形もかわいらしい。

**手入れのポイント**

日当たりと風通しのよい場所で管理し、夏は半日陰に移します。冬は軒下などで休眠させます。2年に1回、株分け、植え替えをします。

**DATA**

ユリ科　多年草　日本・朝鮮半島・中国原産
鑑賞：6～9月（花）

## どんな環境でも忍ぶ多年草

# シノブ

シノブ（忍）という名からもわかるようにどんな環境でも対応します。夏の風物詩、ツリシノブは、暑い夏に青々とした緑で涼を届けてくれます。

夏

青々とした緑が涼しげ。

**手入れのポイント**

本来は日陰に置くとよく育ちます。ただし、乾燥、過湿に強く、日陰でも日なたでも繁殖します。2年に1回、株分け、植え替えを。

**DATA**

シノブ科　多年草　日本原産
鑑賞：通年（葉）

## 丈夫で枝ものの下草にぴったり

# タマリュウ

冬でも葉が枯れない常緑なため、枝ものの下草として広く活用できます。日陰でもよく育ちます。園芸用には葉の長さが10センチほどに収まる品種が用いられます。

夏

丈夫で放っておいても育ちます。

**手入れのポイント**

日なたから日陰まで環境を選びません。斑入りのものは日なたのほうが斑がきれいに出ます。2年に1回、株分け、植え替えをしましょう。

**DATA**

ナギイカタ科　多年草　日本・朝鮮半島・中国原産
鑑賞：通年（葉）

## 花形はまさに「大」の字

# ダイモンジソウ

花の形が「大」の字に似ていることからその名がつきました。園芸品種が多く、花色も白、赤、ピンク、白とピンクのグラデーションなどさまざま。枝ものの下草に。

秋

丸い葉もかわいらしい。

**手入れのポイント**

本来は日当たり、風通しのよい場所を好みますが、風通しさえよければ日陰でも順応します。2年に1回、株分け、植え替えをしましょう。

**DATA**

ユキノシタ科　多年草　日本原産
鑑賞：9～10月（花）

ほふく性ゆえの形が愛らしい

## ヒメツルソバ

グランドカバーとしてよく用いられるほふく性の多年草で、鉢植えすると葉が小型化してかわいらしい印象になります。秋の紅葉の美しさも格別です。

秋

花は球状です。

**手入れのポイント**

暑さと乾燥に強い丈夫な植物で、春から夏に日当たりで管理すると、秋の紅葉が美しくなります。2年に1回、株分け、植え替えを。

**DATA**

タデ科　多年草　ヒマラヤ原産
鑑賞：10～11月（花）

ぽつぽつと咲くかわいらしい小花

## ヒナソウ

カーペット状に広がり、白、青、薄紫の小花がぽつぽつと咲きます。2月から咲くので、春の野原を先取りしたような雰囲気が魅力です。

冬

可憐に咲く白いヒナソウ。

青いヒナソウはさわやかなイメージ。

**手入れのポイント**

花後に伸びた茎をそのままにすると、蒸れて枯れることがあるので、切り戻します。夏は半日陰に移します。2年に1回、株分け、植え替えを。

**DATA**

アカネ科　多年草　北米原産
鑑賞：2～5月（花）

黄金色に輝く葉が美しい

## コガネシダ

山地の岩の上に自生するシダの一種で、夏には青々とした葉が、秋から冬には黄金色の葉が楽しめます。紅葉の引き立て役として最適です。

冬

冬に彩りをそえます。

**手入れのポイント**

日当たりのよい場所で育て、夏は半日陰、冬は軒下に移します。冬に葉が枯れたら、切り戻します。2年に1回、株分け、植え替えを。

**DATA**

オシダ科　多年草　日本原産
鑑賞：通年（葉）

さまざまな葉が美しい

## ツワブキ

海岸の岩上や崖などに自生しています。葉は星斑や覆輪などの斑入りや、縮れなど、さまざまな種類があり、冬枯れの季節を明るくしてくれます。

冬

葉の形も愛らしい。

**手入れのポイント**

日なたまたは半日陰で管理します。丈夫なので豆鉢に仕立てるのもおすすめです。2年に1回、株分け、植え替えをするとよいでしょう。

**DATA**

キク科　多年草　日本・朝鮮半島・中国・台湾原産　鑑賞：11～12月（花）、通年（葉）

雪の下から春を告げる

## ユキワリソウ

ひと足早く春の訪れを告げてくれる多年草です。日本海側の落葉樹の林に自生しています。園芸品種の数は多く、一重咲きから八重咲きまで花色も種類が豊富です。

冬

落葉樹と寄せ植えしても。

**手入れのポイント**

花後から秋は風通しのよい日陰で、冬から早春は日なたで。暑さが苦手なので、夏は日陰で管理を。2年に1回、株分け、植え替えを。

**DATA**

キンポウゲ科　多年草　日本原産
鑑賞：2～4月（花）

# 冬の盆栽

凛とした厳しい寒さの中、
春を待ちわびる

エゾマツとスギを中心に、ゴールテリアの赤い実を組み合わせて、クリスマスらしいひと鉢に。テーマは「粉雪の舞うクリスマス」です。

◉スギ、エゾマツ、ゴールテリア、コガネシダ

小さな鉢で愛でる
クリスマスツリー

## 「松竹」
## 正月らしいめでたさを飾る

ササとヒメトクサの草もの盆栽は竹を表現。マツと組み合わせて「松竹」のめでたいイメージを出しました。
◉左・ヒメトクサ、ササ　右・クロマツ

## 寄せ植えらしい華やかさを楽しむ

【右】

花束のように植えつけて、正月らしい華やかさを出しています。正月の小物と一緒に飾れば、よりかわいらしく。

◉ヤブコウジ、オリヒメナンテン、ハツユキカズラ、斑入りタマリュウ

【下】

お正月から飾ることができる上に、ヒナソウが入って春の訪れも感じられるひと鉢。

◉キンシナンテン、ヒナソウ

## 陽だまりにまだ遠い春を感じて

## 寒樹ゆえの美しさを堪能

葉が落ちた落葉樹の冬の姿は、枝ぶりがよく見え、この季節ならではの楽しみがあります。

◉ケヤキ、セキショウ、コガネシダ

# 冬の盆栽

冬ならではの華やかさにあふれた
明るく軽やかなひと鉢

チョウジュバイを文人形《ぶんじんがた》に仕立てて、その枝ぶりの面白さを中心につくっています。根締めに入れた草ものがデザインに動きを出しています。

◉チョウジュバイ、セキショウ、ハツユキカズラ、斑入りユキノシタ、コガネシダ

## 花の少ない季節にうれしい
## 春を呼んでくれる

花の少ない時期に咲くカンボケは冬にうれしい花もののひとつ。白いモダンな鉢と組み合わせることで、明るい印象にしています。
◉カンボケ、バイカオウレン、ゴールテリア

ツバキは葉の色が濃いので白やパステルの鉢を合わせるよりも、濃い色の鉢のほうが花色が映えます。ピンクの花色との相性もぴったりです。

◉ツバキ、斑入りタマリュウ

# ピンクの花色を際立たせる黒い鉢でモダンに

# 冬の盆栽

【上】

クロマツにユキヤナギとシノブを合わせて静かな雰囲気の日本庭園を表現しています。
◉クロマツ、ユキヤナギ、シノブ

【左】

1~2月のトウジバイ、2~4月のヒナソウ、3~4月のアセビと、春にむかってかわるがわる花が咲きます。
◉トウジバイ、アセビ、ヒナソウ

# 彩花盆栽

## やわらかかつ華やかなオリジナル盆栽

もともと盆栽は大自然の風景を1本の木で表現するものですが、彩花盆栽はこの「風景づくり」をより具体化するために、木々（枝もの）と草花（草もの）を寄せ植えし、より季節感を楽しめるよう工夫しています。また、オリジナルデザインの器に植えつけることで、現代の住空間にも合うモダンな印象の盆栽にしています。「自然を謳歌して生まれた花木の姿」を彩花盆栽の原点とし、暮らしの中に飾って愛でていただきたいと考えています。

**木々と草花を寄せ植え**
**鉢の中に日本の原風景を描いていく**

### 彩花盆栽で使われる植物

盆栽というとマツをはじめとした針葉樹のイメージが強いのですが、彩花盆栽ではカエデやヒメシャラなどの落葉樹、サクラやツバキなどの花もの、ムラサキシキブやツリバナといった実ものも多く使います。また、野草も多く使用しています。

### 器へのこだわり

彩花盆栽では鉢にも焦点をあて、オリジナルの鉢を使用しています。デザインから書き起こし、信楽や常滑（とこなめ）などの窯元でひとつひとつていねいに焼成されたものです。時には、器にほれ込んでそれに合わせる植物を探すことがあるほど、彩花盆栽にとって器は大切なのです。

**著者**

## 山田香織《やまだかおり》

盆栽家。盆栽清香園五代目。埼玉県生まれ。幼いころより、跡取りとして盆栽の指導を受ける。1999年に彩花盆栽教室を設立し、主宰。父、山田登美男氏の創始した彩花流盆栽の第一後継者として、雑誌、テレビなどで活躍。盆栽界に新風を吹き込む。NHK「趣味の園芸」のキャスターを2008年から2011年まで務める。そのほか、さいたま観光大使（2008年〜）など多方面で活躍している。

第2章の盆栽実例と第4章の図鑑のマークは下記のとおりです。

初心者でも育てやすい植物

ちょっと慣れてきてからがおすすめの植物

上級者向けの植物

本書に掲載している盆栽の鉢は清香園で購入可能なものもあります。

**問い合わせ**

創業 江戸 嘉永年間

**盆栽 清香園**

〒331-0805
埼玉県 さいたま市 北区
盆栽町268
TEL：048-663-3991
FAX：048-663-3974
http://www.seikouen.cc/

本書で紹介しているような寄せ植え盆栽のお教室は

**問い合わせ**

**彩花盆栽教室**

〒331-0805
埼玉県 さいたま市 北区
盆栽町268 清香園内
TEL：0120-82-9387
通信講座、通学講座
（東京、埼玉に3カ所）

Stuff

**編集協力** バブーン株式会社（矢作美和）
**撮影** 糸井康友
**イラスト** 山田香織（37・58・66ページ）、森 千夏
**デザイン** グリッド（釜内由紀江 石川幸彦、井上大輔）

# 山田香織の盆栽づくり とっておきの〝いろは〟

2015年2月17日 発行

著者 山田香織
発行者 佐藤龍夫
発行 株式会社大泉書店
〒162-0805
東京都新宿区矢来町27
TEL 03-3260-4001（代）
FAX 03-3260-4074（代）
振替 00140-7-1742
印刷 半七写真印刷工業株式会社
製本 株式会社明光社


URL http://www.oizumishoten.co.jp/
ISBN 978-4-278-04452-2 C0076 R23